“一带一路”与东北亚区域合作

◆孙玉华 / 刘　宏 · 主编

时事出版社

图书在版编目（CIP）数据

“一带一路”与东北亚区域合作/孙玉华，刘宏主编. —北京：时事出版社，2017.9

ISBN 978-7-5195-0110-5

Ⅰ. ①一… Ⅱ. ①孙…②刘… Ⅲ. ①东北亚经济圈—区域经济合作—研究 Ⅳ. ①F114.46

中国版本图书馆 CIP 数据核字（2017）第 079073 号

出 版 发 行：时事出版社
地　　　址：北京市海淀区万寿寺甲 2 号
邮　　　编：100081
发 行 热 线：（010）88547590　88547591
读者服务部：（010）88547595
传　　　真：（010）88547592
电 子 邮 箱：shishichubanshe@ sina. com
网　　　址：www. shishishe. com
印　　　刷：北京市昌平百善印刷厂

开本：787×1092　1/16　印张：14.5　字数：215 千字
2017 年 9 月第 1 版　2017 年 9 月第 1 次印刷
定价：70.00 元

目　录

以陆海丝绸之路建设拓展东北亚区域合作新路径

笪志刚[*]

引 子

自习近平主席在2013年9月和10月先后在哈萨克斯坦和印度尼西亚提出“丝绸之路经济带”建设及“21世纪海上丝绸之路”建设的重大倡议（以下简称“一带一路”）后，全国掀起了根据本地地缘优势、经济特色及发展实际与“一带一路”对接的热潮。尤其是2015年3月，国务院授权国家发改委、外交部、商务部联合发布了《推动共建丝绸之路经济带和21世纪海上丝绸之路的愿景与行动》后，一些省份甚至提出了争当“一带一路”倡议下的所在地区先行区、新门户、新枢纽及新中枢等战略目标。作为国家“一带一路”战略中明确指定的重点发展区域，东北地区在国家“一带一路”倡议中如何发挥作用，伴随着东北经济发展出现的暂时困难逐渐被放大也不断凸显，尤其是黑龙江省委、省政府在2015年4月13日出台了《中共黑龙江省委黑龙江省人民政府“中蒙俄经济走廊”黑龙江陆海丝绸之路经济带建设规划》后，作为中国对接东北亚、连接欧亚

---

* 笪志刚，黑龙江省社会科学院东北亚研究所所长、研究员、硕士生导师。主要研究方向为东北亚及亚太区域经济、日本问题、黑龙江对外经贸。

的前沿地区，对俄合作的发展高地，黑龙江不仅迎来了难得的发展契机，为其依托地缘、产业、人才等优势，构建国际贸易大通道、连接欧亚的跨境物流带、要素集聚的产业带、互利共赢的开放带，打造经济发展新引擎，以通道搭建新平台，以平台引领大开放开辟新的发展路径，也为东北振兴培育新增长极，对外开放搭建新平台，深化俄日韩为中心的东北亚区域合作，扭转东北经济困境提供了新路径。

本文中使用的“陆海丝绸之路”的概念有狭义和广义之分，广义的“陆海丝绸之路”主要是指总体呈东西走向，始于黄、渤海及东南亚沿海或俄罗斯远东港口，经大连—沈阳—长春—哈尔滨—佳木斯—同江、绥芬河—满洲里、哈尔滨—黑河、沿边铁路四条干线通达边境口岸，或是经由东部边境铁路各口岸出境后，与俄罗斯西伯利亚、贝阿铁路相连，向西抵达欧洲的陆海贯穿的广袤区域。该区域对外辐射东北亚国家和地区及欧洲，重点是俄罗斯及欧盟；对内辐射中国东北、华北、华东、华南地区，重点是环渤海、长三角和珠三角地区。① 广义的“陆海丝绸之路”以东北地区为中心，兼顾内蒙古自治区的满洲里等蒙东区域。狭义的“陆海丝绸之路”则是在上述区域界定基础上，侧重以黑龙江省陆海联运、江海联运、绥满铁路通道、哈尔滨和佳木斯港为中心的水运通道、哈尔滨为枢纽的航空通道、经由漠河入境中国的石油管线通道、经由黑河入境的国际输变电线路及经由绥芬河和哈尔滨的北极圈欧亚洲际光纤通信主干网的光缆通道等通道布局和“一核四带一环一外”的内外产业布局为主构成的跨境物流带和产业带。上述广义抑或狭义的“陆海丝绸之路”不仅使明代官员亦失哈九上北海时达到巅峰的古东北亚丝绸之路再现生机，也为东

---

① 黑龙江陆海丝绸之路经济带建设领导小组办公室：《中共黑龙江省委 黑龙江省人民政府“中蒙俄经济走廊”黑龙江陆海丝绸之路经济带建设规划》，黑龙江省人民政府，2015 年 4 月 13 日。

北尤其是黑龙江省借“陆海丝绸之路”深化区域内经贸合作，对接东北亚区域合作，形成外生发展动力创造了巨大的契机。

一、陆海丝绸之路：丰富“一带一路”倡议的外延与支撑平台

习近平主席提出的“一带一路”重大倡议，分别从陆上和海上交流角度高屋建瓴地阐述了中国与沿线国家深化贸易与投资、合作与交流、文化与思想的历史意义和时代意义。既有对古丝绸之路精神的继承与发扬，也有着眼于现实的共享和平与发展的互利共赢、互学互鉴的包容理念。与欧美日提出各种版本的丝绸之路战略旨在赢得战略竞争优势不同，中国的“一带一路”更多侧重弘扬互信和互利精神。尤其是“五通”理念的提出，将“中国梦”“亚洲梦”和“欧洲梦”相互连接，为区域共生尤其是跨洲区域共存共荣指明了合作的新路径。

作为“一带一路”倡议重要组成部分的“陆海丝绸之路”，由于其独特的出江入海、辐射亚太、西进北上、连接欧亚的水陆复合概念，使其不仅拥有陆上丝绸之路的跨境铁路主干线优势，还由于陆海联运、江海联运、环日本海航线等多条黄金水道的不断打通，形成了连接欧亚的水陆国际跨境通道。从这个角度，涵盖东北地区，辐射东北亚的“陆海丝绸之路”，由于其水陆结合的特色和服务“一带一路”的定位，具有从理论和实践角度丰富“一带一路”倡议的外延，从空间和经济地理优势为“一带一路”提供重大支撑，从双边和多边合作为中国深化对俄及东北亚合作提供重要平台的现实作用。

二、陆海丝绸之路：对接“一带一路”与东北亚区域合作纽带

虽然从“一带一路”倡议的表象战略指向看，“一带一路”侧重中亚以及东南亚，并直接辐射中东和非洲，但不可回避的是，作为“一带一路”战略构成的“陆海丝绸之路”的战略指向则直

接指向东北亚的俄日韩等国。换言之，“陆海丝绸之路”肩负着国家深化对东北亚合作的重任。“陆海丝绸之路”向东北亚延伸的战略优势有以下三方面。

首先，“一带一路”的开放包容决定了日韩两国将是该战略的重要组成部分。现在随着中韩政治、外交、经贸关系的不断深化，韩国作为“一带一路”战略的积极响应者，其“欧亚倡议”及“东北亚和平构想”与“一带一路”实现了有效链接，韩国已成为中国主导的亚投行的创始成员国，中韩自贸协定（FTA）的正式签署使中韩围绕“一带一路”扩大合作的路径呈现扩大趋势。再结合朝鲜经济和民生开始出现向好迹象，经济增长率有望实现自2011年转正以来的5%以上的较高增长，中韩携手促使朝鲜融入“一带一路”框架中来，不仅符合中韩经贸利益，也直接有益韩国希望主导半岛统一进程的诉求。与之相比，由于历史和领土纠纷等瓜葛，日本还是中国周边外交的“例外”，中国实施海外投资合作，尤其是高铁、核能、水基础设施等海外产业合作的竞争者和最大挑战者。中日利用“一带一路”融合，在东北亚区域合作框架下增信释疑，总体有利于中日两国未来在东北亚乃至亚太的利益诉求，“陆海丝绸之路”的跨境通道直接辐射日本的优势，将有助于实现中日在东北亚区域的互利共赢。

其次，“一带一路”的互学互鉴精神也使中日韩之间相互取长补短成为未来趋势。“和平合作、开放包容、互学互鉴、互利共赢”既是丝绸之路精神薪火相传，推动人类文明进步，促进东西方交流合作宝贵财富，也是东北亚区域合作的应有要义。中国提出的欢迎各国和国际社会参与的主张，体现了发展共享、成果共享的普惠愿望。中日两国虽然存在历史恩怨与现实矛盾，日韩两国之间也由于历史问题导致关系紧张，但中日韩三国在历史上的友好交往和合作佳话，使三国之间在不同时期不同程度地相互影响，除去个别黑暗阶段，中日韩三国互学互鉴贯穿于历史交流和现实合作的多数层面，随着中日韩FTA等合作的深化，未来这种合作将愈加呈现取长补短的态势。

再次，中国开发与合作中向俄罗斯重点倾斜的“双刃剑”特点日益显现。对中资企业开发俄罗斯远东地区农业资源和矿业资源的质疑声音开始出现，虽然还未占据主流，但针对农业领域的土地租赁合作，俄罗斯出现了限制中国企业劳务指标和签证，增加环评和民意论证等施压环节的倾向。同时从俄罗斯不断向日韩释放土地租赁等合作的信号看，中日韩未来在远东地区的竞争不仅仅局限于能源、矿产资源等，还将向农业、食品加工、医疗、环境合作领域蔓延。如何利用“陆海丝绸之路”开放包容的合作机制，最大限度调动中日韩的合作愿望，形成良性竞争与互信机制，无疑将有助于巩固我国对俄战略合作水平，实现东北亚地区中日韩利益的合理交织与博弈。

三、陆海丝绸之路：扭转东北困境及深化东北振兴的外生动力

作为扭转东北经济困境的重要抓手，东北三省都将融入“一带一路”和对接相关区域合作作为培育重要的刺破内生动力不足的外生动力起爆剂。黑龙江省继提出《大小兴安岭林区生态保护与经济转型规划》《全国老工业基地调整改造规划》《全国资源型城市可持续发展规划》《黑龙江两大平原现代农业综合改革试验方案》《黑龙江和内蒙古东北部地区沿边开发开放规划》这五大规划战略后，在2015年4月推出了《“中蒙俄经济走廊”黑龙江陆海丝绸之路经济带建设规划》，从贯彻党的十八大三中、四中全会精神的高度，落实“一带一路”战略构想的深度，按照“五通”的总体要求，开始打造可以充分发挥黑龙江连接俄罗斯远东地区，毗邻日韩朝蒙四国的地缘优势，利用国内国际两种资源、两个市场的“黑龙江通道”，开始了以艰难的开放式精神救赎与简政放权等为中心的克难攻坚。

在东北经济困境中表现相对较好的吉林省则将积极推进长吉

图开发开放战略作为主动对接、积极融入“一带一路”的重要载体。与内蒙古自治区发挥联通俄蒙的区位优势，黑龙江省完善对俄铁路通道和区域铁路网，东北地区推动与俄罗斯远东地区陆海联运合作，推进构建北京—莫斯科欧亚高速运输走廊等定位不同，吉林省在国家对外开放的战略新格局中，提出了利用与俄、朝两国接壤的13个国家级边境口岸辐射俄、朝、日、韩、蒙五国的图们江国际合作机制和长吉图开发开放战略的深入实施，推动与东北亚周边“互联互通”加快发展，建设向北开放的重要窗口的目标，并将利用自2005年起已成功举办九届的东北亚区域经贸合作重要平台——“中国—东北亚博览会”，加强区域国际合作、促进经济一体化发展。长春的智库学者还提出了“通过长吉产业创新发展示范区的建设把吉林省整体融入‘一带一路’战略，进而使其成为‘一带一路’北线的新通道、新平台、新门户”的主张。①

作为东北地区龙头老大的辽宁省，以位于东北亚腹地，拥有众多与东北亚各国港口互联互通的海上通道优势，积极构筑连接亚欧通道和承载“一带一路”倡议的重要载体，并将沿海港口与“陆海丝绸之路”的对接，作为提升开放合作水平，增强经济发展动力，改变经济负面形象，提升抗风险能力的重要支点。在提出“主动融入‘一带一路’建设”主张的同时，开通了营口经满洲里口岸出境，直达莫斯科的国际集装箱班列，锦州港途经辽宁至蒙古国乔巴山铁路的出海通道及抵达欧洲各地区的陆上物流大通道，大连港经南海及印尼乃至辐射南太平洋区域的海上物流大通道也在现实谋划之中。在夯实通道建设的同时，辽宁省发挥东北地区第一投资大省的优势，确定以俄蒙和中东欧为重点投资方向，先后推进俄罗斯巴什科尔托斯坦石化工业园、中俄尼古拉商贸物流保税园区、哈萨克斯坦远大建材产业园、蒙古霍特工业园、塞尔

---

① 刘庶明：《积极推动区域交流 抓住机遇融入“一带一路”》，国务院振兴东北办公室网站，http：//news. hexun. com/2015 -04 -15/174971225. html，2015年4月15日。

维亚汽车产业园、辽宁罗马尼亚麦道工业园等六个境外工业园区，实现了以境外工业园区建设为抓手，引导企业创新“走出去”模式的突破。同时“走出去”战略呈现了由单一项目向园区化、从单一工程承包向总集成总承包方向、从单纯出口向投资贸易相互融合方向、从单纯海外并购向获取技术、研发、建立全球营销网络模式的四大转变。

四、陆海丝绸之路：深化东北与东北亚区域经济融合的新路径

要通过广义的“陆海丝绸之路”战略开辟东北地区融入东北亚区域合作的三大有效路径。

其一是以“一带一路”倡议的诸多政策红利，加大“陆海丝绸之路”区域内的招商引资力度。“一带一路”倡议为东北亚各国产业向东北地区重要的通道沿线集聚提供了新的可能，也为三省承接新一轮产业转移提供了难得的机遇，东北地区要切实转变招商方式，有针对性地加大对石油化工、新能源、装备制造、新材料、生物制药、食品加工等重点产业项目的引资和融资合作力度。为此，一应利用“一带一路”倡议中的产业及融资政策红利惠及东北地区的有利时机，加大对重点产业项目面向东北亚的定向招商、集群招商和全产业链招商，吸引一批具有竞争力的日韩等国的大企业参与东北的重点产业项目建设，以重点产业项目落地形成新的经济增长点。二应加大力度营造“一带一路”倡议为引领的引资发展环境，通过进一步简政放权、降低成本、减少阻滞，调动企业参与重点项目的积极性，支持企业遵循国际惯例和商业原则以商招商，以口碑相传的“磁场效应”形成投资向重点产业滚动的企业为招商主体的引资效应。三应落实龙头牵动战略，一方面扶持三省内领军企业抢抓“一带一路”机遇，开拓国内外合作商机，另一方面加大对国内外有实力的高端生产性和现代服务业大企业的吸引力度，力争吸引东北亚国际知名大企业进驻“陆

海丝绸之路”经济带沿线区域，同时把解决企业融资难作为推动重点项目落地及建设的重要举措。

其二是抢抓国家从政策支持、资金和项目扶持“陆海丝绸之路”经济带基础设施投入政策红利，加大产业园区建设的投入力度。广义的“陆海丝绸之路”建设不仅要构筑国际运输大通道格局，发展商贸物流业，降低物流成本，更重要的是吸引生产要素向沿线集聚，形成产业集聚带，这是“一带一路”战略助推“陆海丝绸之路”建设的核心内涵和根本支撑。为此，一应以加大基础设施投入的红利为契机，提升和放大哈尔滨、长春、沈阳、大连等地处东北经济走廊及重要通道沿线的重要产业园区的园区功能，承接来自东北亚的外向型产业转移，吸引规模较大、带动力较强的重要产业进入哈大、绥满铁路沿线的各种园区。二应利用基础设施建设资金集中投入的利好，加快完善东北地区丹东、珲春、图们、绥芬河、同江等沿边口岸实力相对薄弱的产业园区的基础设施，通过提高园区规模和质量为吸引更多东北亚项目落地创造条件。三要加大申报国家级和省级新的产业园区力度，通过申请辐射东北及东北亚区域的产业新区、跨境新区、自贸新区，将它们打造成承接产业转移的新平台，通过申请以东边道铁路沿线重点区域为中心的边境自贸园区，将其打造成为面向俄罗斯及东北亚合作的新高地，使产业园区切实成为培育东北地区面向东北亚的产业支柱和龙头企业的主要阵地。

其三是抢抓中俄战略合作升级的政策红利，加大东北亚区域双边和多边的企业相互间投资力度。“一带一路”倡议与俄罗斯欧亚联盟战略融合，“陆海丝绸之路”经济带规划与俄罗斯远东超前发展区等新战略对接，必将极大促进东北地区企业与俄罗斯企业的相互投资与合作，并推动两地产业对接向集群化、高端化、规模化、品牌化转型发展。为此，一应进一步加快在俄罗斯的境外产业园区建设，鼓励中俄企业共同建设跨境产业园区和经济合作区，以投资带动贸易发展，形成中俄企业为主体的境外产业集聚。

二应借鉴先进省份的双边投资互动经验，在资源、能源、林业、农业等领域积极建设拉动中俄双向贸易和加工产业链延伸的基地，真正形成互为原材料市场和出口基地的互利互惠新格局。三要拓展东北地区与俄罗斯企业在金融等现代服务业领域的双向合作。要联合向丝路基金、亚洲基础设施投资银行、上海合作组织银行联合体、金砖国家开发银行等合作机制申请投资项目，以金融合作打造东北地区利用俄资与对俄投资的互动平台，以融资合作推动东北地区与俄方企业间合作链条向日、韩乃至欧亚大陆沿线其他国家延伸。

五、陆海丝绸之路：促进东北地区形成区域一体化的试验田

“陆海丝绸之路”战略不仅具有促进东北地区抢抓国家战略与区域战略叠加机遇，加快对外开放步伐，实现扭转经济困境和进一步破解体制障碍的多重目的，还直接具有促进东北地区朝向区域一体化发展的刺激作用。从现实机遇与未来潜力看，“陆海丝绸之路”战略将从四个方面助推东北区域一体化。

一是以东北振兴组合拳政策落地促进东北形成“直径联合”。要重新审视东北地区在我国乃至我国对东北亚合作前沿和桥头堡定位的功能配置，通过深化东北地区对俄及日韩合作一体化的“共建”机制，争取国家级面向东北亚的自贸区早日落地，实现东北地区至今没有自贸区的零的突破，直接促进东北形成跨区域和对外为目标的“直径联合”。

二是以沿边自由贸易园区试点推动东北形成“板块效应”。党的十八届三中全会提出，“加快沿边开放步伐，允许沿边重点口岸、边境城市、经济合作区在人员往来、加工物流、旅游等方面实行特殊方式和政策。”作为我国对俄日韩地缘优势最突出的区域，东北要立足对俄日韩朝蒙通关便利且辐射亚欧的跨境通道、境外产业园区、农牧业开发领先、中俄跨境连锁加工、能源等资

源合作形成的沿边合作特色与优势，通过经济申报、参与沿边自贸园区建设形成东北对俄日韩自然禀赋、产业配置和人文及地方公共政策等优势最大化的“板块效应”。

三是以东北口岸群错位发展带动东北形成“整体优势”。在推动东北地区合作一体化进程中，东北要在做好瞄准俄罗斯，辐射日韩朝，依托省会及副省级城市的后方支撑，做好前沿和腹地同步发展的同时，合理确定沿边区域与后方区域的两地分工与合作，形成优势互补、错位发展、特色鲜明的整体优势。具体来看，东北地区要利用其整体优势，合理摆布口岸群和口岸经济功能，以产城融合合理布局城镇化发展，使辽宁的五点一线区域、黑龙江的绥满经济带沿线和吉林的长吉图周边地区形成“错位”的合作与竞争关系，并突出合作及区域一盘棋思维。

四是借鉴区域内已有的城市共建机制形成东北地区的“同城意识”。从区域和经贸一体化的同城效应看，对同城效应的同城意识和认知度越高越能推动形成同城共同体。同城效应不仅可以平衡经贸，最终还可平衡区域转型升级中生产、生活、环境等要素成本的结构，并逐步向社会保障、就医等生活细节扩展。从各国的同城实践看，边界地区是同城成熟度最高的，正在形成的一些“边界板块”，其实就是放大了的梯度与层次平衡的城市“功能群的合理配置”，也是“比较优势与比较优势的结合”。东北地区和内蒙古实现了旨在跨区域共建上谋求更大突破的四省区行政首脑协商机制，在大生态、大交通、大电网、大开放等重大领域实现了一体化合作。哈尔滨、长春、沈阳、大连也实现了东北振兴背景下的大城市圈基础设施等的共建协商，四大城市举整体之力，实现了多领域的对接融合。哈尔滨、黑河市、伊春市与俄罗斯的阿穆尔州还缔结了“3+1”跨境区域旅游联合体，实现了旅游合作的跨国和跨区域资源整合。这些尝试都是同城意识和同城共同体效应的现实表现。东北地区要巩固上述成型经验的尝试机制，以加强城际和区域一体化合作，突破行政分割影响生产要素市场化配置，联手打造对东北亚合作一体化大东北为目标，尽快建立区域内的更高的共商共建共享合作机制，从制度上保证东北对东北亚合作一体化实现跨区域的统筹和协调发展，为全国乃至“一带一路”和“陆海丝绸之路”等区域和沿边合作一体化建设树立样板，提供经验。①

① 笪志刚等:《推进绥东地区对俄及东北亚合作一体化进程的思考与建议》，黑龙江省社科院《要报》，2015 年 2 月 5 日。

"一带一路"战略与东北亚区域经济合作

——两者关系与相关对策分析

崔　岩*

在自身经济崛起和国际政治经济结构出现重大调整的背景下，中国提出了"一带一路"的对外经济合作新战略，这意味着中国对自己的对外经济合作进行了重大的方向性调整。但是，在长期对外开放过程中，中国形成了以亚太地区为主的对外经济结构。新战略所要实现的对外经济地区结构的重大转变，与既有的结构存在什么样的关系，在现实中如何处理两者的关系，是实施"一带一路"战略需要解决的重要问题。为此，本文以中国东北地区在建设"一带一路"与加强东北亚区域经济合作为例，分析上述问题。

一、中国经济崛起与"一带一路"对外经济合作新战略的提出

进入21世纪后，中国经济保持了持续的高速经济增长，增长

---

* 崔岩，辽宁大学日本研究所教授，经济学博士。现任《日本研究》杂志主编，兼任中华日本学会、全国日本经济学会常务理事、副秘书长等职务。主要研究领域为世界经济理论、日本及东亚区域经济等。

的结果是总体经济规模快速扩大，人均国民产出也实现了一定速度的提高。中国经济的快速崛起更主要地表现在总体经济规模的扩大上面。2008 年国际金融危机发生后，世界各国都面临着通货紧缩、需求不足的局面，经济增速下滑。但是中国在 2009 年之后仍然保持了 10% 左右的高速增长，近几年来增长速度发生了一定的下降，被认为是一种新的增长态势（新常态），但是由于经济规模的增大，一定幅度的中速增长，也会带来较大规模的 GDP 增量（详见图 1）。据最新的 2014 年国民经济统计公告，2014 年中国实际经济增长率为 7.4%，保持了中高速增长，GDP 首次突破 10 万亿美元，虽然与美国仍有较大的差距，但是已经与位居世界第三的日本逐渐增大了距离（以 GDP 衡量的总体经济规模已经约为日本的两倍）。

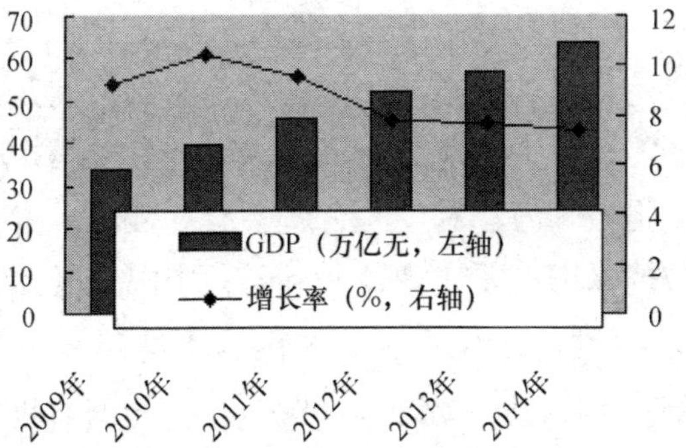

图 1　近年来中国的经济增长与 GDP 变化

资料来源：《根据中国经济统计年鉴》（各年度）数据绘制。

30 多年来中国实施改革开放战略，有效地抓住了国际关系缓和及全球化给发展中国家带来的战略机遇，实现了长期持续的经济高速增长，一跃成为世界第二经济大国，大幅度地提高了经济实力和综合国力，以及在国际社会的影响力和地位，成为实现和平崛起的典范。

长期以来中国政府一直将经济建设作为中心任务，对外奉行“韬光养晦”的战略。但是进入21世纪之后，中国经济及科技的快速发展和进步以及经济规模的扩大，对世界政治和经济产生了越来越大的影响，使得中国作为新兴大国的代表，受到了极大的关注并引发了世界各国特别是主要国家采取了战略性的应对举措，如美国的“亚太再平衡”战略、日本的“积极和平主义”等。有学者据此将中国定位为有“双重身份”的国家，即兼具发展中国家和世界大国甚至是“超级大国”的双重身份。这两种身份决定了中国有两种相应的利益需求，并会受到两种相互矛盾的行动逻辑的影响。对此，李少军在其文章中做了较为深入的分析：一方面，作为发展中国家的中国其根本利益在于谋求发展，这要求中国要始终把力量和资源集中于国内的建设，在对外关系上要把可能导致冲突的因素限制在低水平上，以确保有一个和平的发展环境。另一方面，作为大国特别是“超级大国”，中国则需要基于增长的权力来界定自己的利益。中国地位与影响的上升，就会有开展大国外交的需求；中国实力的增强，就会有发展相应军力的需求；有了日益强大的海军和空军，就会有冲破海上遏制，实现制海权和制空权的需求。要实现这些利益，中国就需要在基于实力的互动中谋求有利的地位，进行大国权力竞争，包括军力的竞争。① 尽管我们还不能肯定地将中国定位为一个真正的世界大国乃至超级大国，因为就经济和科技实力来看，中国同发达大国之间还存在着很大的差距，但是作为一个规模大国，其对国际关系和世界经济及市场供求的巨大影响是不可否定的。在这一基础上，中国的进一步发展必然进入大国间的博弈竞争之中，必然出现谋求有利的国际利益的形势。这是中国发展所必需的，中国必需努力排除或弱化制约中国实现大国目标的国际因素。

---

① 李少军：《双重身份与中国的机遇期》，《国际经济评论》，2014年第2期，第23—24页。

在这种背景下，中国新一届中央领导集体为进一步实现国家富强的理想，提出了实现“大国梦”的发展战略，就是保持持续快速发展，在未来的30年至40年赶上世界发达国家，实现中华民族的全面复兴。其对外发展战略的具体内容就是近来提出的“丝绸之路经济带”和“21世纪海上丝绸之路”，简称为“一带一路”战略以及相关的举措，有学者将其统称为“中国现代丝绸之路战略”①，它构成了中国对外经济合作新战略的主体内容。

为什么中国要提出一个全新的具有更高层次的对外经济合作战略？其根本原因在于中国成为世界上仅次于美国的第二大经济体，随着其经济规模和实力进一步增强，需要一个有效的外部战略空间和内外部互动关系作为载体，来支撑作为开放型大国的对外交流和经济运行。在当今世界，传统的美、日、欧三极结构依然存续，但是这一世界经济的主导结构正在悄然发生变化。在经济全球化条件下，新兴大国的崛起和发展中国家的快速发展，预示着发展中国家和地区巨大的发展潜力。从中国历史和地缘结构看，泛欧亚大陆就是这样的一个重要地区，与中国在历史和地缘关系上有着紧密的联系。因此，中国政府将着眼点放在了欧亚大陆，提出了“一带一路”的新型对外经济合作战略，通过和相关地区的国家间的政治经济合作，最终实现欧亚大陆及相邻海域国家间系统性的深度整合。

“一带一路”战略的基本构想是，以相关国家和地区间的双边和多边的经济交流和合作，推动地区的共同发展，最终形成政治互信和以此为基础的区域制度合作架构。也就是说，在新战略的长期实施过程中，以经济合作为主导手段，通过经济和政治互动，达成最终的战略目标。作为还处在构思形成期的战略，其具体的内容还在待定之中。如就该战略包含的地区范围而言，不同的研

① 邢广程：《理解中国现代丝绸之路战略》，《世界经济与政治》，2014年12期，第4—26页。

究存在着不同的界定。有学者认为，“丝绸之路经济带”涵盖泛欧亚大陆各国，中国是起点，俄罗斯和中亚地区是核心地带和枢纽，欧洲是终点，非洲北部是延伸线。① “海上丝绸之路的重点建设方向将从中国沿海港口向南，过南海、经马六甲、龙目和巽他等海峡，沿印度洋北部、自波斯湾、红海、亚丁湾等海域。即以东盟及其成员国为依托，辐射带动周边及南亚地区，并延伸至中东、东非和欧洲。”② 尽管涵盖的战略地区存在差别，但是可以看出，两大战略分别着眼于陆地和海洋两个通道，覆盖广阔范围，从中国经由众多发展中国家组成的中间地带，最终到达欧洲。2015 年 3 月 28 日，国家发改委等部委经国务院授权发布了《推动共建丝绸之路经济带和 21 世纪海上丝绸之路的愿景与行动》（以下简称“愿景与行动”）的报告，系统勾勒出“一带一路”路线图，标志着“一带一路”步入全面推进阶段。以互联互通为抓手，以金融合作为前导，激发大市场活力，共享发展新成果。“一带”，指的是“丝绸之路经济带”，是在陆地。它有三个走向，从中国出发，一是经中亚、俄罗斯到达欧洲；二是经中亚、西亚至波斯湾、地中海；三是中国到东南亚、南亚、印度洋。“一路”，指的是“21 世纪海上丝绸之路”，重点方向是两条：一是从中国沿海港口过南海到印度洋，延伸至欧洲；二是从中国沿海港口过南海到南太平洋③。

二、“一带一路”视域下的东北亚区域经济合作

建设“一带一路”国际合作区域战略，是中国政府在新的国际政治经济格局发生重大变化的背景下提出的，是具有重大战略

---

① 邢广程：《丝绸之路经济带与欧亚地缘格局》，《光明日报》，2014 年 6 月 29 日。

② 刘赐贵：《发展海洋合作伙伴关系，推进 21 世纪海上丝绸之路建设的若干思考》，《国际经济问题》，2014 年第 4 期，第 2 页。

③ 国家发展改革委、外交部、商务部：《推动共建丝绸之路经济带和 21 世纪海上丝绸之路的愿景与行动》。

意义的政策。显然，作为迎接中国经济对外开放的重大阶段性转折的战略，它无疑将对中国经济未来的对外开放格局产生重要的影响。从上述“一带一路”覆盖的区域及走向可以清楚地看出，其总体的方向性是“西向指向”的。一方面在国内重视中西部地区的对外开放与发展，另一方面是在对外开放的国际区域上，经由中亚、南亚、西亚地区与欧洲相连，最终形成一个区域覆盖面广大和参与国家间联系密切的国际经济区域，实现共同发展。

众所周知，自改革开放以来，中国经济形成了全方位的对外开放格局，其重心是以东部地区与东亚、美欧为主并具有极高依赖度的国际经济关系结构。“一带一路”战略的提出，一个重要的问题是经济开放的未来格局与现实格局之间存在着怎样的关系，该战略构想未能覆盖的地区在中国当前及未来对外经济中处于何种地位。如果说“一带一路”战略是以中国与其周边国家加强经济合作为基点，并不断延伸合作的区域，直至与欧洲发达地区形成新的区域合作，包括了东南亚、中亚、南亚和西亚以及俄罗斯、蒙古国等，甚至还包括了南太平洋支线，那么当前确定的“一带一路”版图，有一个明显的缺失，就是它只包括了东北亚地区的部分国家，而缺少了日本、韩国这两个与中国有着深入经济关系、并在东北亚及“一带一路”区域建设中发挥重要作用的国家。为此，我们需要在“一带一路”战略背景下，重新审视日本、韩国及整个东北亚地区在我国对外经济中的地位与作用，以此更加深入地理解“一带一路”战略的深层含义及中国对外经济的未来发展方向。

进入21世纪以来，中国实现的长期高速经济增长的一个重要动力是对外贸易和外商直接投资等对外经济对经济增长的贡献。长期以来，中国对外贸易是以美国为中心的亚太地区为主要贸易对象的。如表1所示，在2014年，中国的对外贸易的国别及区域结构看，区域所占比例最高的是亚太经合组织成员国（及地区），在进出口总值中所占比例达到了63.2%，接近三分之二的程度；

其次是近年来与中国贸易快速增长的欧盟成员国，其在中国对外贸易总额中所占比重达到了14.3%；再次是东盟，所占比重为11.2%。中国香港、日本、韩国、东盟和美国在中国对外贸易中所占的比重加起来，达到了46.8%。可见，相当一段时期以来，中国对外经济是以亚太地区为主要支点发展起来的，并且依据这种外向型发展模式实现了持续的高速增长。到目前为止，中国的对外贸易对亚太地区的依存度达到了相当高的水平。

从国家和地区看，2014年中美贸易在中国对外贸易中的比重最高为12.9%；中国香港为8.7%，占第二位；日本为7.3%；韩国为6.7%。近年来，中国与日本之间的贸易在中国对外贸易中所处的地位有所下降，但是从地区和国别看，仍占有重要地位，是中国第三至第四大贸易伙伴国。中国与韩国的贸易增长迅速，韩国成为中国重要的对外贸易伙伴国。作为中国实现高速经济增长的另一个重要动力是大力吸引外国企业的直接投资。在外国直接投资中，日本、韩国同样也是对华直接投资的大国之一。

表1　中国对外贸易主要国家和地区比例（2014年,%）

	进出口	出口	进口
中国香港	8.7	15.5	0.7
日本	7.3	6.4	8.3
韩国	6.7	4.2	9.7
东盟	11.2	11.6	10.6
欧盟	14.3	15.8	12.5
美国	12.9	16.9	8.1
APEC	63.2	63.7	62.7

资料来源：根据中国海关总署统计数据计算。

在中国经济发展中发挥重要作用的对外经济，在长期发展过程中形成了偏重于亚太地区的结构，这表明中国对外经济关系在世界不同地区和国家间是不平衡的。这种偏颇的结构也包含着不稳定性或者说是脆弱性，其表现就是对亚太地区经济的过度依赖，当该地区经济低迷、需求不足时，会对中国经济产生严重的影响。

从中国既有的对外经济结构看，“一带一路”战略的提出，包含了加深与上述地区国家间经济联系的意图，更重要的是开拓新的经济合作对象，通过国际合作，促进“一带一路”地区相对落后国家的经济发展，开拓新的市场，从而实现中国对外经济结构的平衡。这是“一带一路”战略的长期目标。从短期看，通过双边及多边的经济合作，加强区域内相关国家和地区的基础设施建设和对外直接投资，与其开展产能合作，既为其经济发展提供外力，同时也能够有效输出中国过剩的产能和发展经验，同时也能够通过国际间基础设施项目的建设和国际合作，带动国内相关地区的发展。

但是，从前述的中国对外经济的既定结构看，建设“一带一路”这一新的国际合作区域，在短期内只能一定程度上弥补已有主要经济合作伙伴需求不足导致相互间经济关系的停滞对中国经济的影响，而不能从根本上替代现有的经济合作地区，其更重要的意义在于长期目标的实现。

因此，在中短期内，存在着合理处理建设“一带一路”与加强同既有的经济合作伙伴间的经济贸易合作的问题。一个基本的结论是，要采取双边走战略，一方面是要根据合作对象国家及地区具体的国情和经济状况，采取必要的措施，深入挖掘合作的潜力，进一步强化双边经济关系、深化合作，另一方面要结合本地区的经济及地理条件，抓住“一带一路”建设的历史机遇，为本地区的长远发展谋求动力。

对于中国东北地区来说，与包括日韩在内的东北亚国家有着紧密的地缘关系，长期以来与其形成了密切的经济交往。中国东北地区尽管在“一带一路”建设中占据重要的地位，但是，该地区与日韩，乃至整个东北亚地区的经贸发展也是不可或缺的。因此，采取双向并重的方针是非常必要的：一方面要积极确立和推进“一带一路”相关项目的规划和建设，另一方面要积极加强与日韩等东北亚地区国家在原有的基础上开展双边和多边的各种层次的经济合作。

三、东北亚经济合作与“一带一路”建设并举的具体措施

“一带一路”建设与东北亚经济合作之间的关系不是对立的，相反，其在相当程度上及在很多领域存在互补关系。首先，尽管在中国官方的文件中，没有将日韩等东北亚国家纳入“一带一路”区域范围，但是东北亚国家在民间讨论的建设北方“一带一路”中，占据重要的地位，可以说是北方“一带一路”的东方起点。其次，在前面提到的中国政府发布的建设“一带一路”的愿景与行动的文件中，明确划定了建设“一带一路”国际区域的基本原则，其中之一是其开放性，即任何国家都可以参与到其中。这种开放性原则为日韩等东北亚国家参与“一带一路”建设提供了重要的机遇。目前，韩国已经作为中国主导建立的亚洲基础设施投资银行的初始创始国，成为亚开行的成员国。此外，日韩等国与中国、俄罗斯在广泛领域特别是在能源、环保等开展的国际合作，实际上也属于“一带一路”建设的范畴。下面从两个方面分析中国东北地区实现东北亚经济合作与“一带一路”建设并举的举措。

（一）从中日经济关系的新格局看东北亚经济合作的发展趋势

上述分析表明，尽管中国将大力实施现代丝绸之路战略，但是在一定时期内亚太地区在中国对外经济中的地位和作用并不能被替代。日本作为东亚乃至整个亚太的经济大国，无疑仍将在中国对外经济中占有重要的地位。但是，进入 21 世纪以来，随着中

国经济规模的扩大、对外经济交往的增加和多元化的发展趋势，中日经济关系同以往相比出现了弱化的趋势，在这种情况下，正确认识中日经济关系的未来发展，是中国制定正确的区域合作战略和对日经济政策的前提。

随着中国经济高速增长和对外经济的快速发展，进入21世纪以来中日两国的贸易出现了快速的增长。在20世纪中期到末期，两国贸易额在500亿美元左右，2002年超过了千亿美元达到了1019亿美元。其后除2009年国际金融危机出现下滑，2011年达到了历史最高点3429亿美元。近两三年来，两国贸易出现了一定幅度的下降或停滞状态，与此同时中国的对外贸易还在稳步增长，所以对日贸易所占份额出现了一定程度的下降。那么，能否以近两三年来的中日贸易变化为依据，得出中日贸易及两国经济关系在中国对外经济中的地位下降或者变得不重要的结论呢？笔者认为非但如此，反而是随着中国经济规模的扩大、生产技术水平的提高和国际竞争力的增强，中日经济关系进入了一个新的阶段，两国的经济往来还有着很大的发展潜力。

首先，从21世纪以来的中日贸易和日本对华直接投资情况看，在中国成为世界经济大国的背景下，两国的经济关系出现了重要的结构变化，这是中日经济关系与双边合作进入新阶段的主要表现。可以看出，21世纪以来中日双边贸易出现了快速的增长，近两三年来尽管有了小幅度的下降，但是仍然维持了较高的水平。在贸易背后还存在着大量的日本对华直接投资。这一直接投资形成了两国间新的国际分工模式：日本国内负责产品开发、核心零部件生产并向中国进口，中国负责辅助零部件生产、产成品组装，最后反过来产成品出口到日本及其他国家，这一新的分工模式是支持贸易快速增长的基础。

其次，两国经济互补性与增益性共存的格局。一方面，尽管中国在经济规模上已经超过日本成为世界第二大经济体，而且不断加大与日本的差距和缩小与世界第一大国美国之间的差距，但是中国作为新兴大国，仍是发展中大国，与发达国家之间存在着发展阶段的差距。这一差距决定了中日经济之间仍存在着一定程度的互补性，这构成了两国深化经济合作的重要基础。另一方面，中国在一些制造业领域已经与日本形成了水平型分工，因此双方的经济合作可以扩大产业层面的经济规模，实现规模经济、范围经济效益，这是双方加强经济合作的另一个重要基础。后者可以称之为双方经济合作存在的增益性，即合作共赢关系。

再次，在很多新的领域存在双方合作的巨大潜力，有待大力发展合作关系和相互交流。以往中日两国的经济交流与合作主要集中在制造业，随着中国国民收入水平的提高，消费市场规模快速扩大，在非制造业领域双方也存在着很大的合作空间。如中国老龄化的快速发展，养老服务需求急速增加，所以日本企业非常关注中国的养老产业发展，有愿望向该产业投资。在其他如能源、环保产业，日本有着先进的技术和经验，因此两国从政府到民间都有着强烈的合作意愿。

最后，随着中国经济实力的增强，两国在国际经济领域进入了大国间战略博弈的阶段，双方的竞争日益较强。但是对策博弈并不仅仅意味着非此即彼的竞争，而是相反也存在着战略合作的关系。在区域经济合作、国际区域基础设施供给等诸多方面，双方都是各自重要的竞争对手，同时也需要协调相互间行为及策略，追求合作共赢。

东北亚地区存在的复杂的政治经济关系，阻碍了区域经济合作的进展。但是在冷战格局结束以来的世界及地区国际关系缓和的20多年里，以地方政府和民间力量的推动下，双边及多边的经济合作也得到了快速的发展，形成了紧密的经济联系——功能性区域合作。地区内部各国经济关系的互补性和国家关系的改善，将使深度的合作潜力成为现实，极大地促进地区合作的发展。

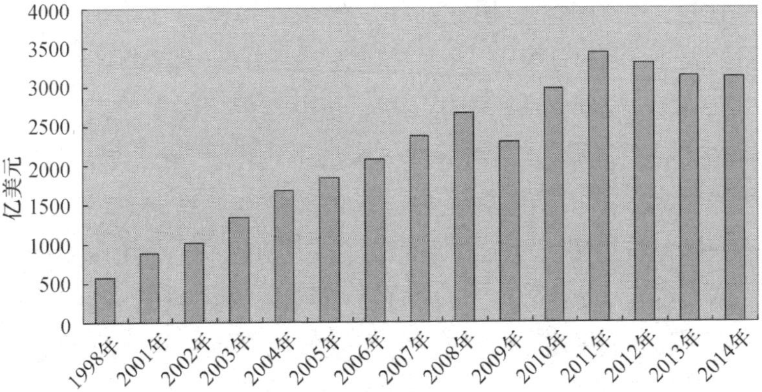

图2　中日贸易总额的变化（1998—2014年）

资料来源：根据中国海关总署统计数据绘制。

（二）中国东北地区实现“一带一路”建设与加强东北亚区域合作的双重并举

首先，依据地缘关系积极参与“一带一路”建设，使北部“一带一路”与西部、南部相互呼应。

中国东北地区包括辽宁、吉林、黑龙江三省和内蒙古自治区的部分地区，已被划入“一带一路”建设的国内重点地区，中国东北地区与俄罗斯、蒙古国在陆地和海洋相接壤，相关各方具有较好的基础设施条件、较强的经济互补性，有比较明确的建设项目规划，是在“一带一路”建设区域内有很好的发展前景的地区与之一。中国东北地区与俄、蒙及其他东北亚国家分别有陆地和海洋相接壤，因此在这里就兼具了海上丝路和陆地丝路的双重条件。

中国区域经济协会秘书长陈耀指出，这一次“一带一路”规划全面地考虑到了中国西北、西南和东北三个大方向上和周边国家的联系，东北—内蒙古—蒙古国—俄罗斯通道建设也提上了日程。根据规划要求，下一步要推进构建北京—莫斯科欧亚高速运输走廊，建设向北开放的新坐标。

在这个大前提下，黑龙江建议将该省构建的“东部陆海丝绸之路经济带”作为第七个经济走廊——中俄经济走廊纳入国家“一带一路”规划。在这个规划里，黑龙江提出的要建设“东部陆海丝绸之路经济带”，以绥芬河—满洲里—俄罗斯—欧洲铁路和绥芬河—俄远东港口陆海联运为主，对接俄欧亚铁路。目前，该方案已获国务院批复。而吉林则计划“借港出海”，利用俄罗斯的扎鲁比诺万能港，经珲春，过内蒙古阿尔山、蒙古国，到俄罗斯和欧洲。辽宁也计划以跨境物流为引领的中蒙俄经济走廊建设，推进巴新铁路建设。对此，世界海洋城市总部发展研究院院长李靖宇评价说：“这样的规划使东北丝绸之路经济带基本成型，东北方向海上丝绸之路也有了初步雏形，可以形成从中国经过俄罗斯和东欧地区直达欧洲市场腹地的海上战略通道。”

其次，依据技术及产业优势大力推进东北装备制造业与“一带一路”建设相衔接，推动大型装备的出口和参与基础设施建设。

东北地区作为中国的老工业基地，在装备制造业方面有着一定的优势。经过十多年的振兴东北老工业基地战略的实施，东北的装备制造业有了很快的发展，技术水平和竞争力有了大幅度的提高。建设“一带一路”是以国际产业合作和基础设施建设为主要内容的，因此，大型工业装备在此有极大的发挥空间。为此，向“一带一路”区域出口大型工业装备和开展产业合作，是东北地区积极参与“一带一路”建设的重要方式之一。“一带一路”建设不是单纯的产品出口，而是对周边发展中国家通过国际合作的方式，构建交通、通信网络等基础设施网络，通过金融合作、技术合作等综合性的合作方式推进合作方的产业发展。因此，要实现在装备制造业方面的国际产能合作和开发合作，必须以金融合作、技术合作等国际合作方式为基础。

再次，深化东北亚地区双边和多边国际合作，将与日韩等国的经济技术合作融入到“一带一路”建设之中。

如上所述，中国与日本的双边经济关系已经进入到了竞争与合作共存的新阶段，但是双方还存在着很大的合作潜力。在能源、环保、农业等多领域，存在着巨大的合作空间。此外在"一带一路"的建设区域内，中日两国企业也将面临竞争和合作的关系，如同俄罗斯的能源、农业等领域的合作方面，早就出现了竞争的局面。如何通过协调，使得竞争变为合作，实现多赢的局面是区域合作的重要课题。

政治因素始终是困扰东北亚区域合作的最根本难题。随着地区各国国家关系的改善和政治互信的达成，相信东北亚地区也将迎来全面区域合作的新阶段。目前，中国与韩国已经签署了双边自由贸易协定，中日韩自贸协定也在谈判过程中，这是一个非常积极的进程。区域合作的进展，将极大地推动"一带一路"的建设。

“实践共同体”视角下的东亚地区合作

李晓燕　李铭晨*

一、从“国家理性”到“实践理性”：必要的修正

回顾西方社会科学的发展，不难发现一个重要特征，即无论什么理论总是与一个核心理念相关，那就是“理性”。源起于17世纪的理性主义经过一代又一代的欧洲学者总结凝炼，成为一种具有高度抽象和较强普适性的元理论，也因之主导了社会科学诸学科的理论建构。① 具体到国际关系领域，在二战结束后的半个多世纪里，尽管经历了从现实主义到自由主义再到建构主义的三大主流理论发展，也始终没有摆脱以民族国家为基本单位的理性主义视角，换句话说，即是一种完全从“国家理性”出发思考世界政治的方式。无论现实主义主张的绝对权力或相对权力，自由主义推崇的政体、贸易或制度安排，还是建构主义认可的观念的作用，无一例外都在强调作为基本单位的国家理性诉求对于世界政治的塑造。

诚然，这种以“国家理性”为核心概念的理论建构清楚简洁

---

* 李晓燕，中国政法大学政治与公共管理学院副教授，国际关系学博士；李铭晨，中国政法大学政治与公共管理学院国际关系专业2015级硕士研究生。

本文得到中国政法大学2016年度校级科学研究规划项目《中美新型大国关系的战略文化基础研究》（编号16ZFG81002）的资助，特此表示感谢。

① 秦亚青：《国际政治的关系理论》，《世界经济与政治》，2015年第2期，第5页。

地解释了战后国际关系的主要事实，对国际关系学科本身的发展，特别是确立其在社会科学界的独立地位功不可没。但是，与此同时形成的"国家理性"话语霸权的垄断地位对国际关系学科发展的阻碍作用也不容忽视。多年来，不断有学者呼吁打破垄断，尝试发出多元的声音，拓宽研究视角。比如，最早得到学界认可的英国学派对"国际社会"的研究其实是强调国际政治中存在的"社会理性"，不是说民族国家基于个体利益的理性核算不重要，而是说这种核算事实上从一开始就要基于"国际社会"的存在而产生，根本不存在孤立的"国家理性"。

进入新千年，随着多元文明和全球治理的紧迫需要在世界政治中日益凸显，越来越多的学者加入打破话语霸权的研究。2007年《亚太国际关系》（*International Relations of the Asia-Pacific*）出版专辑[①]，发表了由加拿大学者阿米塔夫·阿查亚和英国学者巴里·布赞组织四位一流亚洲学者撰写的论文，集中讨论了"为什么没有非西方国际关系理论"的问题，开拓了一种跨文化视角，清楚呈现了与国际关系理论化相关的非西方的传统、叙事和历史。两年后，参与该项目的中国学者秦亚青发表《关系本位与过程建构：将中国理念植入国际关系理论》的文章，2012年又正式出版了专著《关系与过程：中国国际关系理论的文化建构》，由此提出了以"关系性"为内核的系统理论。秦亚青提出，西方的个体本位社会强调个体"理性"，中国社会文化的一个根本理念则是"关系性"。对关系性的重视不是推翻"理性"的重要地位，而是强调理性是有条件的，在重关系和重人情的社会中，理性很可能是关系条件下的理性，这就与个体本位社会中的理性不尽相同，可以称为"关系理性"。[②]"关系理性"的概念深刻反映了中国文化对

① 该专辑后来成书出版，即：Amitav Acharya and Barry Buzan, eds., *Non-Western International Relations Theory: Perspectives on and beyond Asia*, London and New York: Routledge, 2010。

② 秦亚青：《关系与过程：中国国际关系理论的文化建构》，上海人民出版社，2012年版，前言，第6—11页。

国际问题的思考，很快得到更多学者的支持和拓展研究。[①] 2014 年中国台湾学者黄秋琼和石之瑜也针对“国家理性”的理论不足，用“关系平衡”（balance of relationship）的核心概念解释了中国的对外干预行为。[②] 2015 年赵汀阳教授的文章提出“关系理性”对解决国际合作难题的重要意义，即优先采取“报复规避”、优先考虑“互相伤害最小化”，以及在此基础上追求合作最大化的最优共在状态，从而实现“孔子改善”的最优目标。[③] 这些研究都不约而同地指向了美国理论“国家理性”中心主义的话语霸权地位，并从一个被其忽略的层面推动了理论的发展。

事实上，对“国家理性”的质疑和修正不仅来自美国以外，美国国内的理论研究也没有止步。彼得·卡赞斯坦先后出版了《世界政治中的文明：多元多维的视角》和《超越范式：世界政治研究中的分析折中主义》。他直言，“有些知识分子偏爱用演绎式的科学方法研究国际政治，如果提出不同种类的行为体可能会触及他们的敏感神经。科学研究方法要求分析的简约，因此认为只有一种行为体，这就是国家。进而为了追求简约，则必须将国家视为同类行为体。根据这种逻辑，所有国家都是内部一致、相互类似的行为体。”[④] 现代学术研究越来越与世界现实脱节。现实主义、自由主义、建构主义等主流范式之间的纯理论辩论反映了一

---

① 也有中国学者从哲学层面对“关系理性”的研究强调了这种理性形态的当代转换对克服现代性的深层矛盾具有的意义，认为“关系理性”是一种在超越实体化、单子化个人的社会关系中，去理解“个体”的存在规定、生存意义和根据的理性。“关系理性”的确立是人的自我理解的一次重大深化，代表着一种新的人的“主体性”观念的确立，即只有在与他人的关系中才能确立的“为他人的主体性”。参见贺来：《“关系理性”与真实的“共同体”》，《中国社会科学》，2015 年第 6 期，第 22—44 页。笔者认为，这一点与国际关系研究中强调“主体间性”的意义是相同的。

② Chiung-Chiu Huang and Chih-Yu Shih, *Harmonious Intervention*: *China's Quest for Relational Security*, Ashgate 2014.

③ 赵汀阳：《以天下重新定义政治概念：问题、条件和方法》，《世界经济与政治》，2015 年第 6 期，第 18 页。

④ ［美］彼得·卡赞斯坦主编，秦亚青等译：《世界政治中的文明：多元多维的视角》，上海人民出版社，2012 年版，第 28 页。

种现象，那就是理论和实践的脱节已经十分严重。社会科学必须具有容忍精神，必须鼓励实践智慧。[①] 这样的批判得到北美国际关系研究界的响应，2008 年《国际组织》杂志发表了文森特·波略特的《实践逻辑：一种安全共同体理论》文章[②]，同年 11 月在多伦多大学举办了“国际关系的实践转向”研讨会。一批不满于理论研究陷入沉寂的学者开始了推动“实践理论”的进程。2011 年由伊曼纽尔·阿德勒和文森特·波略特主编的《国际实践》一书出版[③]，其完整分析了作为国际关系实践理论的核心概念与研究框架，书中作者分别从不同的议题领域呈现了国际关系“实践”研究的可行性和重要价值。与其他质疑“国家理性”的学者一样，阿德勒和波略特也明确指出，实践理论并不是普适性的元理论，而是希望将实践作为研究国际政治的切入点，为实现范式间对话提供丰厚土壤。更进一步，他们认为，理性选择理论只关注国际实践的一种具体类型，即与成本效益比相关的实践活动，因此只能解释部分现象。理性不仅仅存在于人脑之中，而且存在于不断积累起来的背景性知识（background knowledge）之中，而背景性知识使实践成为可能。换句话说，世界政治行为体都是遵循“实践理性”而行动的，世界不是由民族国家组成，而是由跨国的“实践共同体”组成，它们受共同的背景性知识驱动，实施符合“适当绩效行动”标准的实践。

“实践理性”对“国家理性”的主要修正体现在对国际关系行为体的界定由边界排他的民族国家转向了跨越国界的“实践共同体”，认为，世界政治与其说是由民族国家基于理性核算的行动

① ［美］鲁德拉·希尔、彼得·卡赞斯坦主编，秦亚青、季玲译：《超越范式：世界政治研究中的分析折中主义》，上海人民出版社，2012 年版，中文版序言。

② Vincent Pouliot, The Logic of Practicality: A Theory of Security Communities, *International Organization*, Vol. 62, 2008, pp. 257 –288.

③ Emanuel Adler and Vincent Pouliot eds., *International Practices*, Cambridge University Press, 2011.

构成的，不如说是跨国的“实践共同体”基于某种背景性知识而实施的适当绩效行动。现实世界存在各种各样的“实践共同体”，它们通过实施由不同背景性知识定义为适当的行动，产生绩效和社会意义，进而推动世界政治发展变化。与假定民族国家遵循确定不变的“国家理性”构成世界政治相比，“实践理性”对行为体和行为逻辑的假定似乎更接近现实，特别是冷战后的世界政治。

二、“实践理性”理论的基本内涵

无论人们坚持什么样的理论，都要面对一个事实：只有在实践活动之中并通过实践活动，世界政治才能够存在。突出实践的意义不是要进行整合，而是要促成对话。这就意味着，不会有单一的实践理论，而是会出现多种研究实践的理论。[①]“实践”本身不是国际关系的专属概念，也不具有固定的学科内涵。事实上，在国际关系研究的概念体系中，对它的使用尚不及另外两个概念广泛和频繁，即行为和行动。因此，我们首先要明确“实践”的定义。

实践是适当绩效行动的实施（Practices are competent performances.）。[②] 具体说，实践是具有社会意义的有规律行动，这类行动不同程度地表现出行动者的适当绩效，同时包含并展现背景性知识和话语。实践还是一个充满活力的物质和理念过程，这个过程使得结构趋于稳定或是发生变化，使得施动者能够重构或是改变结构。行为、行动、实践三个概念之间显然是有联系同时又有重要区别的，如果用一个简单的图表对比（见下表1）来说明，以“实践”为中心的国际关系理论研究较之以“国家理性”为起点的

---

① ［加拿大］伊曼纽尔·阿德勒、文森特·波略特主编，秦亚青、孙吉胜、魏玲等译：《国际实践》，上海人民出版社，2015年版，第5页。

② ［加拿大］伊曼纽尔·阿德勒、文森特·波略特主编，秦亚青、孙吉胜、魏玲等译：《国际实践》，上海人民出版社，2015年版，第6页。

三大主流理论具有更广泛的本体论基础，可以打破分离物质与理念的二元主义，以一种新的方式对社会世界做理论化阐释。不是把世界政治中发生的事件视为孤立的国际关系行为或者行动，基于“实践理性”的解释将“实践”置于国际关系理论研究的中心，这就提供了一个概念结构，超越以不同名称存在、但又在实质内容上相互关联的各种范式，审视那些产生了与世界政治相关结果的适当绩效行动，也就是国际实践。换言之，国际关系行为体无论是基于权力、制度，抑或文化而采取的行为和行动，其实都是一种实践。世界政治就是由丰富的实践构成，因此施动者无论是民族国家还是国际组织，都是某类“实践共同体”，也正是它们实施的跨越时空而存在的适当绩效行动，组成了错综复杂的世界政治。

表1　关于行为、行动、实践的概念对比①

概念	内涵	例证
行为（behavior）	做事情（doing）	警察跑
行动（action）	强调做事情的主体意义和主体间意义	警察跑着抓小偷
实践（practice）	在有组织的社会性环境中的规律行动	警察打击犯罪

具体说来，研究世界政治中的国际实践需要关注“实践”的以下特征：②

第一，实践是做事情的过程，不同于以具体形式存在的实体，而是存在于自身的展开或是过程之中。以东亚地区为例，最初如果没有东盟十国的尝试和努力，就不会形成一个自愿放弃冲突的地区组织。因为积极互动形成了一个地区组织，成员国改变观念，逐步超越彼此的矛盾形成了“只要不冲突，一切皆可沟通”的共

① 表格由本文作者根据《国际实践》书中的定义和例证整理而来。

② ［加拿大］伊曼纽尔·阿德勒、文森特·波略特主编：《国际实践》，上海人民出版社，2015年版，第7—8页。

同实践认知，并在20世纪90年代以后，将其推广到与后冷战时代的大国交往中。半个多世纪的东亚地区合作互动尽管不断遭到质疑，特别是来自欧美经验的质疑，却始终在推进，这一点在“国家理性”中心主义的解释中无从论证，在“实践理性”理论看来则是“东亚地区合作”作为一种实践存在的重要标志之一，因为它在不断的实施中。

第二，实践是具有社会意义并被社会识别的适当绩效行动。也就是说，“适当绩效”的评判标准在共同体内，是具有社会意义的，既非行动本身的内在固有属性，也不是由施动者来决定的。施动者可能是有意识或者无意识（出于习惯）地实施了适当绩效行动，只要被共同体内的其他成员认可，这些行动就是实践。[①] 在东亚地区合作中，正是由于东盟十国的尝试和推动，由小国主导的“10+3”“10+1”“10+6”等地区合作机制才可能建立和运行，这种合作超越了实际利益冲突和观念差异，特别是颠倒了大小国家之间实力与话语权的对称关系，在既有的“国家理性”理论框架下无法得到解释，在东盟十国创立的地区合作实践行动中却具有重要意义——“无对抗、弱制度、重协商”正是东亚地区合作的有效实践。

第三，实践依赖于具体可变化的背景性知识，而不是表象性知识（representational knowledge）。表象性知识是西方自启蒙运动以来的主导型知识论观点，是现代自然科学和社会科学的基础。它经由人的大脑反思而产生，是强意识的、抽象的、可以言明的系统知识，[②] 不以地域环境文化等具体地方性要素为转移。现代西方社会科学寻求普适性通则的做法，就是受表象性知识影响的集中体现。与表象性知识不同，背景性知识主要来自行动者的经验，

---

① ［加拿大］伊曼纽尔·阿德勒、文森特·波略特主编：《国际实践》，上海人民出版社，2015年版，第368页。

② Vincent Pouliot, The Logic of Practicality: A Theory of Security Communities, p. 260.

是长期实践过程的自然积累，通常是弱意识的、非抽象的、无以言明的。背景性知识在具体实践中自下而上产生，因此是地方性的，也是可变化的。① 由表象性知识转向背景性知识其实是国际关系理论由探究某种先验的理性标准发展到重视行动者本身的历史、文化、经验等实践因素的转变。没有实践，物质不能产生意义，理念也无法成为行动，② 实践理论恰当解决的正是三大主流理论都无法超越的本体意义上的二元分裂。

在实践理性看来，尽管背景性知识也可能像规范、条约一样通过正式文本得到巩固，但是并不由文本创建，也不一定与文本同延，而是取决于潜在的共识和持续的实践。东亚地区合作的发展过程就具有文本制度明显落后于合作实践的突出特征。而且，在东盟构建并主导的地区合作进程中，参与进程的大国和小国保有共同的背景性知识，因而自觉采取协商一致的行动，但是在其他地区或全球事务的互动中，这些国家仍然要遵循"国家理性"主张的利益核算，或者说是受到"实践理性"主张的其他背景性知识的驱动。这恰好说明了东亚地区合作"实践共同体"的存在，也是单一强调"结构"或"施动者"的理性主义或建构主义理论所不能充分解释的东亚地区实践。尤其是过去20年间，"10+3""10+1"机制的实质成果和美俄等大国的积极跟进，与其说是委曲求全的务实利益驱动，不如放在基于"实践理性"的解释中更为合理。

三、基于"实践理性"的东亚地区合作进程

东亚地区合作始于1967年东南亚国家联盟（Association of

① 秦亚青：《行动的逻辑：西方国际关系理论"知识转向"的意义》，《中国社会科学》，2013年第12期，第188—189页。

② Vincent Pouliot, "The Materials of Practice: Nuclear Warheads, Rhetorical Commonplaces and Committee Meetings in Russian-Atlantic Relations," *Cooperation and Conflict*, Vol. 45, No. 3, 2010, pp. 294 – 311.

Southeast Asian Nations，简称 ASEAN）即“东盟”的建立，尽管不是东亚整个地区实现合作的标志，但是考虑到 20 世纪 60 年代的战略环境，以及 40 多年来东盟在地域和影响力上的成功扩展，东盟本身就是值得研究的地区合作案例。如果说东盟的成立与扩展仅仅是地区小国在战后国际社会中寻求生存的自然选择，20 世纪 90 年代以来出现并迅速发展的东盟与中日韩合作机制则打破了国际关系中很多既定的规范，呈现出“国家理性”理论难以解释的特征。1997 年的亚洲金融危机把东亚地区合作推进到一个新的阶段，形成了东盟与中国、日本、韩国三个地区大国的合作框架，即“10 +3”（ASEAN Plus Three，简称 APT）机制。2005 年第一次东亚峰会（East Asian Summit，简称 EAS）上，建设东亚共同体的决议被写入由 13 国领导人签署的正式宣言中，“10 +3”机制迅速发展成为“横跨文化、经济、功能、政治、安全和社会领域的合作网络”[①]，不仅促进了成员国之间的经贸往来与地区和平，而且成功塑造了“由中小国家提出倡议并稳居机制核心，吸引整合大国加入”的区域一体化模式，[②] 展示了与欧洲一体化的大国主导模式完全不同的合作路径。

诚然，时至今日仍有很多学者质疑东亚地区合作存在“小国主导”的独特模式，本文认为，其重要原因就在于美国话语霸权的主流国际关系理论都是根据“国家理性”遵循手段—目的逻辑，试图寻找制度与结果，亦即制度与行为体的行为模式之间的因果关联，因此都无法对东亚地区合作的路径和前景给予充分的解释。事实上，东亚地区合作的案例更符合“实践理性”的逻辑，无论地区大国还是体系霸权国，都无法按照“国家理性”主张的利益诉求参与或者主导东亚地区合作，而只能是寻求“实践理性”认

① Ong Keng Yong，“Foreword，” *ASEAN +3 Documents Series* 1999 –2004，Jakarta：ASEAN Secretariat，April 2005.

② 秦亚青：《关系与过程：中国国际关系理论的文化建构》，上海人民出版社，2012 年版，第 170 页。

可的背景性知识即“在合作中”，成为持续实施符合地区合作“适当绩效行动”标准的“实践共同体”成员。

（一）适当绩效行动的实施

在《国际实践》中，实践被定义为适当绩效行动的实施，也就是说判断某种实践是否存在的直观标准就是持续的、被认可的行动。东亚地区合作不断扩大的机制，以及贯穿始终的“东盟规范”恰好反映了这样的标准。

首先，在地区合作的主渠道“10+3”机制中，中日韩三国基本接受了东盟的规范，尤其是地区合作中东盟的中心地位这一核心规范。虽然中日韩三国的物质实力和国际影响力都大大超出东盟，但东盟在东亚地区合作进程中提出规则和设定议程的能力却使其获得了大大超出自身物质实力的权力地位。东盟是东亚地区成立最早，也是最成功的地区组织。目前几乎所有的东亚地区机制都是由东盟牵头，并且以东盟为中心运作的。这种由扩大的地区合作而产生的新规范实际上也维持了地区合作的进程。[①] 否则，如果东亚主要国家之间为争夺地区发展的领导权展开激烈竞争，就很可能导致现有多边合作进程的中断甚至倒退。

其次，所有参与东亚地区合作的国家都必须遵循“非正式、协商一致和渐进社会化”的行为规范。[②] 而掌握合作进程主导权的东盟国家内部实际执行的也是“先决定后讨论”（agree first talk after）[③] 的议事规则。由于东亚国家重视协商一致和舒适度，地区合作的有效性就会明显降低。40 多年来，东亚地区合作的机制化成

① 张蕴岭：《在理想与现实之间——我对东亚合作的研究、参与和思考》，中国社会科学出版社，2015 年版，第 41 页。

② 秦亚青：《关系与过程：中国国际关系理论的文化建构》，上海人民出版社，2012 年版，第 227 页。

③ 周玉渊：《从东盟自由贸易区到东盟经济共同体：东盟经济一体化再认识》，《当代亚太》，2015 年第 3 期，第 101 页。

果在数量上并不缺乏，但是约束力和执行效率却一直饱受质疑。东亚各国特别是东盟从来不排斥制度化的发展，只是在面对制度化与舒适度的权衡时，舒适度原则得到更多的支持。于是，发展到今天的东亚地区合作形成了多元、多重、多层次的机制框架，这种“混乱低效”的局面在“国家理性”的判断中可能不受欢迎，但是在“实践理性”看来却是合作进程持续推进的标志，是持续实施并且符合东盟规范的适当绩效行动。

（二）背景性知识驱动的实践

背景性知识是促使实践产生的驱动力量，但并非显性力量，不像表象性知识一样指导行为体的行为，却会在实践发展过程中由于环境的变迁和压力，或者“实践共同体”成员自身认知的变化等因素作用把原本行为体共同遵循的背景性知识推向前台，并对其加以质疑、修改和完善。经过编辑的背景性知识在指导新实践的过程中又逐渐退回，继续推动适当绩效行动的实施。这种受背景性知识驱动的实践发展轨迹在东亚地区合作的进程中也有明确表现。1997 年亚洲金融危机第一次严重质疑了“在合作中”的背景性知识，平稳低效的地区合作不能应对全球化的大风大浪。这时候，已经推动合作实践 30 年发展的“背景性知识”被推向前台，一方面是已经为寻求“在合作中”而捐弃前嫌、放弃冲突并不断扩大成员国范围的东盟，另一方面是比东盟整体实力都要强大的中日韩正处于和东盟一样的经济和发展危机中，初现雏形的东亚经济链条受到致命打击，西方强国也不能提供救市良方。是否坚持以及如何坚持“在合作中”的背景性知识成为东盟面临的最大难题，也是东亚地区合作的实践能否持续推进的关键。就在这个关键节点上，中国政府应对危机的积极表现以实际行动回答了东盟的质疑，“在合作中”的背景性知识也被重新编辑，东盟开始吸收地区大国中日韩加入合作进程，形成了真正意义上的东亚地区合作，也是目前东亚地区合作的主渠道——“10 +3”机制。

如果说，1997年东亚地区合作的背景性知识被推向前台编辑修改是由于突如其来的环境压力，进入21世纪以来这种背景性知识再次被质疑则是推动合作的“实践共同体”成员自身认知变化使然。随着地区合作带来的收益增加，东亚表现出日益突出的经济活力，地区合作进程也因此受到越来越多域外大国的关注。一方面，作为地区合作核心的东盟希望追求合作的扩展和制度化水平的提升；另一方面，随着越来越多域外大国的加入，东盟也“不得不”在一定程度上修改完善原有背景性知识，初创了规范国家间关系的原则文件。从2005年第一届东亚峰会上首次接受澳大利亚、新西兰和印度加入地区合作，突破地理上的“东亚”概念，到2010年第五届峰会上由于东盟成员间无法达成共识而没有形成年度功能合作的主题。东盟第一次直面了确保地区合作中心地位的压力，这就对原有的背景性知识提出质疑，需要注入新内容以确保推动合作实践的动力。于是，在2011年就形成了《第六届东亚峰会关于东盟互联互通的宣言》和《东亚峰会关于互惠关系原则的宣言》，不仅将东盟一体化的首要议程直接作为东亚峰会的优先议程，[①] 而且明确提出了峰会成员国建立友好关系的十二原则，包括“推动睦邻友好、伙伴关系和共同体建设”，“承认并尊重民族、宗教、文化传统、价值观与观念的多元性”，“尊重基本自由、提高保护人权、推动社会正义”等，[②] 大大丰富了原有的东盟规范内涵。经过编辑修改的“在合作中”背景性知识此后逐渐退回，以推动东盟一体化为优先议程的地区合作进程得以继续发展。

---

① 魏玲：《东亚进程与中国外交：新格局、新均衡、新作为》，魏玲主编：《东亚地区合作：2011》，经济科学出版社，2012年版，第3页。

② ASEAN Secretariat, “Declaration of the East Asia Summit on the Principles for Mutually Beneficial Relations”, Bali, November 19, 2011, http://www.mofa.go.jp/region/asia-paci/eas/pdfs/declaration_1111_2.pdf, 2011-12-01. 登录时间：2016年1月22日。

（三）形成中的“实践共同体”

“实践理性”理论较之“国家理性”理论的最大不同其实就是对国际关系行为体的界定，主张世界政治并非由边界明确的民族国家或功能各异的国际组织构成，而是由基于共同背景性知识而实施适当绩效行动的“实践共同体”组成。东亚地区合作由东盟扩大到地区大国，再到域外大国的过程其实反映的就是这样一种理论视角转换的必要性。在“国家理性”的“成本—收益”核算看来不合理的选择，在“实践理性”中却能得到充分解释，参与东亚地区合作的大小国家正在形成一个“在合作中”的实践共同体，而不是一些仅仅受“国家理性”利益驱使并彼此矛盾重重的个体民族国家。

大体看来，东亚地区形成一个“在合作中”的实践共同体是经历了三个发展阶段的。第一阶段是从1967年东盟成立到1997年东盟与中日韩合作机制的建立，业已形成的东盟规范得到地区大国的认可，“在合作中”的共同背景性知识驱动参与合作的大小国家实施符合“适当绩效行动”标准的实践。这可以说是东亚地区合作实践共同体的“初建”阶段，东盟规范不仅得到中、日、韩地区大国的认可，也扩展到所有的东盟国家，随着1999年柬埔寨的加入，才有了真正意义上的“10+3”机制，也是今天东亚地区合作的主渠道。

不同于受表象性知识驱动的合作有明确制度规范的约束和推进，东亚地区合作的参与者只是一些认可“在合作中”的背景性知识，并有意识或无意识地按照符合东盟规范的“适当绩效行动”标准而实施合作的国家。因此合作进程更多表现出尝试性、关联性特征。比如，在东亚地区合作的多元多重架构中，三个“10+1”合作机制是先于“10+3”合作出现的。日本于1977年就与东盟建立了正式对话关系，韩国在1989年与东盟建立对话进程，中国于1991年开始与东盟发展关系，1996年成为东盟的全面对话伙伴关系国。但是，直到1997年“10+3”机制建立之前，三对“10+1”关系并没有表现出成为地区合作主渠道的态势，基本符合“国家理性”利益驱动的特征。然而，在“10+3”机制形成后，三对“10+1”合作也更加活跃，特别是中国经济迅速增长并加强与东盟合作，实际上也推动了另外两对“10+1”合作的深入。三对“10+1”形成的竞争又强化了东盟的中心地位，强化了参与合作的13个国家对实施“在合作中”的适当绩效行动的共同认识。这其实是东亚各国形成一个“实践共同体”的重要阶段，没有这一阶段对东盟规范的肯定，东亚地区合作机制也不可能扩大到域外大国。

东亚地区合作“实践共同体”发展的第二阶段是从“10+3”机制确立到2011年东亚峰会正式接纳美国、俄罗斯，可以界定为实践共同体的“成型”阶段。东亚峰会本身是“10+3”机制发展的成果，最初的设想是由“东亚展望小组”（East Asian Vision Group）提出，目标是以更高的制度化逐步取代“10+3”成为地区合作的主要形式，推动东亚地区一体化。2005年第一次东亚峰会召开时就明确强调了东盟作为“推动力”（driving force）的地位，与会国承诺接受东盟提出的三项标准作为参加的先决条件，即加入《东南亚友好合作条约》、与东盟国家建立对话伙伴关系，以及与东盟国家的实质性关系。① 尽管由于对协商一致和舒适度原则的坚持，东亚峰会至今尚未发展成为地区一体化的核心机制，但是峰会的成功扩展和保持开放恰恰证实了“实践共同体”的存在。作为地区合作进程的又一平台，东亚峰会每次扩展所吸收的都是域外大国，然而无论什么样的大国参与，都要签署《东南亚友好合作条约》，接受东盟规范和东盟的中心地位，也就是被东盟

① “Chairman’s Statement of the First East Asia Summit” and “Kuala Lumpur Declaration on East Asia Summit,” Kuala Lumpur，14 December 2005，http：//www.aseansec.org. 登录时间：2016年7月9日。

社会化。这样的规范显然不符合“国家理性”的行动标准，既没有明确地区合作的地理范畴，也没有赋予参与者平等地位。但是，却能够在“实践理性”中得到恰当的解释，即使美国、俄罗斯这样的全球大国也必须接受东盟规范，实施符合东亚地区合作“适当绩效行动”标准的实践。因为舍此则不能确保成员国达成一致意见，进而也就不能维持地区合作的进程。以这样看似“不合理”的三项标准再次明确了东盟在地区合作中的中心地位，重新界定东亚地区，不仅顺利推进了“适当绩效行动”的实施，如期召开了东亚峰会，而且在更大范围内巩固了东盟规范，获得了美俄等全球大国对东亚地区合作进程的认可。

由于东亚地区合作的低制度化特征，我们特别要强调即使从“实践理性”的视角来看，这个“实践共同体”也仍然在形成中，很多不确定因素的存在让我们还难以明确东亚地区合作“实践共同体”的发展是否已经进入以及进入了怎样的“第三阶段”？2012年以来，欧美发达国家逐渐走出金融危机的阴霾。奥巴马政府第二任期的“亚太再平衡”战略更多表现出美国还是倾向于以实力和制度优势干预亚洲事务的意愿。尽管东盟与中、日、韩的自贸区建设进展顺利，东亚地区合作的实质性进展也并没有形成里程碑式的成果。但是本文认为，这完全符合“实践共同体”发展的阶段性特征，并且推动东亚地区合作40多年发展的实践因素仍然存在。比如，从2013年中国政府提出建立“亚洲基础设施投资银行”（简称“亚投行”）的倡议得到东盟国家积极回应，到2015年6月《亚洲基础设施投资银行协定》在北京签署，包括37个域内国家和20个域外国家的意向创设成员国确定。这其实就是作为东亚地区合作成员之一的中国基于“在合作中”的背景性知识提出推动合作实践的新途径——“亚投行”，并经过“实践共同体”成员协商一致后形成“适当绩效行动”标准的典型表现。作为议程发起方的中国虽然是地区内大国，但是相对已经扩大到“10+8”机制的东亚地区合作而言仍然是“小国”，并且“亚投行”由倡议走向落实的过程正是为推动后布雷顿森林体系时代的亚洲经济发展，保持东亚经济活力的合作实践的实施，东亚地区合作的议程主导权和规则制定权也没有发生质变。因此本文认为这应该是东亚地区合作“实践共同体”发展的新特征。

四、结 语

实践是社会生活的基本单位，“实践理性”理论对国际关系的潜在贡献是它将使国际关系学者获得一种研究国际关系的新视角。对世界政治采用一种实践视角，并不是仅仅在世界政治中加上实践因素，让它产生自己的影响。这种视角要研究的是：实践何以成为世界政治，实践又是如何组织和改变由人构成的世界政治的。[①] 正如《国际实践》一书中诸位学者从不同议题领域和不同变量设定展开的研究和论证一样，本文考察了东亚地区合作中存在的实践，这也仅仅是东亚研究中适用多元视角的一种初步尝试。

由于政治、经济、文化等方面的巨大差异，东亚地区国家很难形成“国家理性”要求具备的合作条件，但是正是这样一些国家产生了合作的诉求，“在合作中”成为它们共同的背景性知识，并且促使它们重新定义彼此之间的关系，开始了弱制度下的务实合作。这些合作不符合“国家理性”的规范化要求，但是在“实践理性”的标准中是“适当绩效行动”的实施，经过不断发展，这些合作实践产生对制度的需求，进而也就有了符合合作进程需要的制度安排。无论怎样的制度安排都必须符合推进合作的需要，否则就要给合作让路，这也是东亚地区合作的独特实践。

可以预见的是，短期内东亚地区也难以出现大国主导的地区合作，已经参与合作的大国之间多为竞争关系，甚至缺乏互信，

---

① ［加拿大］伊曼纽尔·阿德勒、文森特·波略特主编：《国际实践》，上海人民出版社，2015 年版，第 84 页。

东盟的中心地位也就无法被取代。因此，对东亚地区合作进程的观察应该进一步明确和强化“实践理性”，把参与和推动地区合作的各种力量视为“实践共同体”，从它们共同追求的“在合作中”这一背景性知识出发为合作进程贡献智慧，就能够少一些质疑，多一些路径，从而共享地区安全、发展与繁荣。

“一带一路”背景下中日对东盟贸易的竞争、互补分析

王箫轲*

“一带一路”是中国领导人提出的一项大型国际经济合作倡议，其主要内容是建设亚欧非大陆及附近海洋的互联互通工程和在此基础上提高区域投资和贸易的便利化水平。“一带一路”中的“一路”（“21 世纪海上丝绸之路”）首先和主要的辐射地区就是东南亚，它也将成为从规模和内涵上进一步提升中国—东盟双方政治经济关系的重要推力和载体。与之相对应的是，日本在 2006 年就提出了所谓的“自由与繁荣之弧”计划，要加强在东南亚到南亚、中亚、东欧这弧形地带的投资、贸易、援助等，借此形成所谓日本拥有“相同价值观”的“自由与繁荣之弧”，东南亚也是这一计划的重点地区。在安倍晋三于 2012 年底再次出任首相后，日本进一步加强了对东南亚的经济外交攻势。

分别作为东盟的第一大贸易伙伴和第三大贸易伙伴的中日两国必然会在东盟市场上展开激烈的竞争，但由于贸易政策和商品结构的差异，竞争的同时也不能完全排除合作的可能。对此，本文试图采用贸易竞争力指数（TC）和显示性比较优势指数（RCA）两个指标来分析和解决以下三方面的问题：中日两国对东

* 王箫轲，博士，吉林大学东北亚研究院副教授。

盟贸易在各行业中的综合竞争力（竞争力、竞争优势）；中日两国对东盟贸易各行业的综合竞争性、互补性；中日两国对东盟出口政策的偏离度。

一、研究方法与数据处理

分析国际贸易竞争力，经常使用的指标为贸易竞争力指数（TC）和显性比较优势指数（RCA）。

（一）TC 指数及其变换形式

TC 指数指一国进出口贸易的差额占其进出口贸易总额的比重，公式为：

$$TCij = (Xij - Mij) / (Xij + Mij)$$

其中 TCij 表示 i 国 j 产品的贸易竞争力指数；Xij 表示 i 国家 j 商品的出口额，Mij 表示 i 国 j 商品的进口额。TC 指数综合考虑了进口与出口两个因素，能够反映一国某一产业部门在国际市场竞争中是否具有竞争优势。TC 指数取值范围为（-1，1），如果 TC 指数大于零，表明该类商品具有较强的国际竞争力，越接近于 1，竞争力越强；TC 指数小于零，则表明该类商品不具国际竞争力，越接近于 -1，竞争力越弱；指数为零，表明此类商品为产业内贸易，竞争力与国际水平相当。

相对竞争力指数“RTC”为 TC 指数的变换形式，公式为：

$$RTCab = (TCa + 1) / (TCb + 1)$$

公式中，RTCab 表示 a、b 两国的相对竞争力指数，TCa 表示中国的竞争力指数，TCb 表示日本的竞争力指数。RTCab 取值范围为（0，+∞），当其值接近 1 时，说明两国该产业的国际竞争力接近；当其值大于 0 小于 1 时，说明日本该产业国际竞争力较中国大；当其值大于 1 时，说明中国该产业国际竞争力较日本大。

为比较中日两国对东盟贸易的互补情况，需要继续引入 TC 指数“$\alpha = TCa \times TCb$”，公式中 α 表示中日两国贸易竞争力互补指数；TCa 表示中国的贸易竞争力指数；TCb 表示日本的贸易竞争力指数。当 α 值大于 0 时，说明 a、b 两国某行业的贸易竞争力不具有互补性；当 α 值小于 0 时，说明 a、b 两国该行业的贸易竞争力具有互补性。

（二）RCA 指数及其变换形式

显性比较优势指数（RCA）则偏重于一国某行业产品的出口水平与国际市场平均水平的相对比率，其公式为：

$$RCAik = (Xik/Xi)/(Wk/W)$$

公式中的 RCAik 为 i 国 k 商品的显性比较优势指数，Xik 是 i 国 k 商品的出口额，Xi 是 i 国对外出口总额；Wk 是国际市场上所有国家 k 商品的出口额，W 则是所有国家的出口总额。一般认为，一国 RCA 指数大于 2.5，则表明该国该产业具有极强的国际竞争力；RCA 介于 1.25—2.5 之间，表明该国该产业具有很强的国际竞争力；RCA 介于 0.8—1.25 之间，则认为该国该产业具有较强的国际竞争力；RCA 小于 0.8，则表明该国该产业的国际竞争力较弱。

相对显性比较优势指数 RRCA 为 RCA 指数的变换形式，其公式为：

$$RRCAab = RCAa/RCAb$$

公式中，RRCAab 表示中、日两国的相对显性比较优势指数；RCAa 表示中国的显性比较优势指数；RCAb 表示日本的显性比较优势指数。这一指标反映了中日两国某类产品贸易出口水平的相对优势，依据 RRCAab 取值的不同，大体可细分为极大劣势、较大劣势、微弱劣势、微弱优势、较大优势和极大优势几大类。

进一步引入 RCA 指数的变换公式：

$$\beta = (RCAa - 1) \times (RCAb - 1)$$

公式中，β 表示 a、b 两国的显性比较优势互补指数；RCAa 表示中国的显性比较优势指数；RCAb 表示日本的显性比较优势指数。这一指标反映了中日国家某一产品的出口贸易互补情况，β 大于 0 表明中、日两国在某类产品上的显示性优势上不具有互补性，β 小于 0 表明中、日两国在该类产品显性优势上具有互补性。

（三）出口偏离度

出口偏离度指一国出口产品竞争力超过其竞争优势的程度，其所指的“竞争力与竞争优势之间的差异”反映的是“理论出口量与实际出口量之间的差异”，在“获利即出口”这一贸易思想前提下，最好的出口政策为“实际出口量 = 理论出口量”，而当二者不一致时，证明存在着“政策偏离”。其公式为：

$$\chi = RTCab - RRCAab$$

公式中，χ 表示中、日两国出口偏离度；RTCab 表示中、日两国的相对竞争力指数；RRCAab 表示中、日两国的相对显性比较优势指数。通过 χ 的值判定中日两国对东盟贸易的出口政策倾向。具体来说，差值小于 0，表明中国贸易政策倾向于鼓励出口，反之倾向于抑制出口，其差值越接近于 0 表明中日出口政策处理状况越接近。

在本文的研究范畴中，在计算中国的 TC 和 RCA 值时将“中国 + 东盟”视为整个国际市场，在计算日本的 TC 和 RCA 值时则将“日本 + 东盟”视为整个国际市场。本文中所有相关的原始数据均出自国际贸易中心数据库，商品分类是根据协调编码制度（HS）的 22 种商品分类法。

二、数据处理与结果分析

在 2008 年之前，日本一直是东盟的第一大贸易伙伴。2008—2010 年，欧盟成为东盟的第一大贸易伙伴。2011 年至今，中国、欧盟和日本分列东盟贸易伙伴的前三名。2014 年，中国向东盟出口额为 2718.2 亿美元，日本为 1039.42 亿美元，中国向东盟的出口额是日本的两倍还多。中国和日本出口最多的均为机器、机械和电气设备，中国出口额为891.22亿美元，日本则为407.64亿美元。通过对22类商品的TC值计算后，可以得到图1。

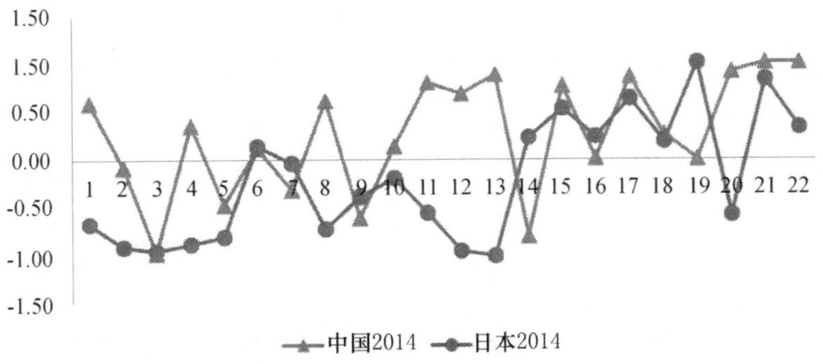

图1　2014年 中国、日本对东盟贸易的TC指数对比

从图1中可以看到，中国有15类产品在东盟市场上具有竞争力，其中11类超过0.3，具有较强竞争力。日本则有9类产品具有较强竞争力，其中5类具有较强竞争力。从表中可以看出，中日两国在至少10类商品上的竞争力存在显著差距。而根据RTC指数（表1）则能更清楚地看到，中国在9类产品中较日本具有相对竞争力，在10类产品中与日本竞争力相当，在1类产品中竞争力不如日本，该类产品为珍珠、宝石和贵金属等。表1中的第13类产品（石料、石膏、水泥等；陶瓷产品；玻璃及其制品）日本在2014年出口量为0，但在其他年份均有出口，2010—2013年的平均RTC值为1.5。第19类产品为军火，日本2014年出口15.6万美元，中国为0。

表1　2014年中日两国对东盟贸易的RTC值

1	2	3	4	5	6	7	8	9	10	11
4.84	9.85	0.56	11.24	2.75	0.98	0.70	5.83	0.64	1.41	4.10
12	13	14	15	16	17	18	19	20	21	22
32.54		0.16	1.15	0.81	1.14	1.06		4.50	1.09	1.50

从RCA指数来看（图2），中国有12类产品的RCA值居于0.8—1.25之间，具有较强竞争优势，有4类居于1.25—2.5之间，具有很强的竞争优势；日本则有4类产品居于0.8—1.25之间，具有较强竞争优势，有5类产品居于1.25—2.5之间，具有很强的竞争优势。由表2分析可知，中日RRCA指数在11类产品中大于1，说明中国与日本相比在这些产品上具有竞争优势；中日RRCA指数在10类产品上小于1，说明中国与日本相比在这些产品上不具有竞争优势。值得注意的是，日本具有竞争优势的产品都是高附加值产品，如第6类的化工产品，第17类的车辆、船舶，第18类的精密仪器等。

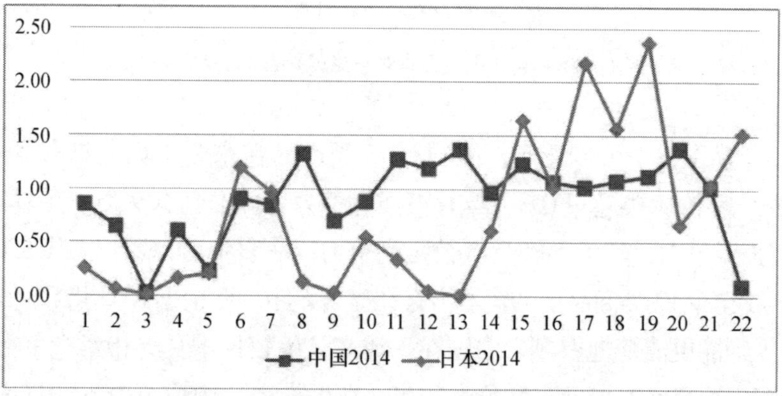

图2　2014年中日对东盟贸易的RCA指数

此处值得说明的是，一国相对于另一国在某一产品类别上具有贸易竞争力或竞争优势，并不代表两国在该行业上不存在竞争，有时甚至存在着激烈的竞争。

表2　2014年中日对东盟贸易的RRCA指数

1	2	3	4	5	6	7	8	9	10	11
3.29	10.73	1.91	3.67	1.11	0.76	0.88	10.20	27.58	1.61	3.77
12	13	14	15	16	17	18	19	20	21	22
25.45		1.59	0.75	1.05	0.47	0.69	0.47	2.07	0.98	0.07

从表3 可以看出，一方面，中国和日本在动物、食品、烟草、毛皮和珠宝等9 类产品上具有竞争力互补性，尤其是在鞋帽伞、动植物油脂、毛皮等产品上行业竞争力互补性非常明显；另一方面，中国和日本的化工产品这一类产品在竞争优势上具有互补性。针对于中日竞争力及竞争优势具有互补性的行业，中国与日本应加大合作力度，相互扶植、共同进步。当然相互竞争的行业也不是一味的恶性竞争，同样需要加强合作，借鉴学习。继续发挥中日两国各自的比较优势，实现服务经济的动态互补，优化各自产业结构。

表3　2014 年中日对东盟贸易竞争力与竞争优势互补指数

产品	1	2	3	4	5	6	7	8	9	10	11
α	−	+	+	−	+	+	+	−	+	−	−
β	+	+	+	+	+	−	0	−	+	+	−
产品	12	13	14	15	16	17	18	19	20	21	22
α	−	−	−	+	0	+	+		−	+	+
β	−	−	+	+	0	+	+	+	−	0	−

另外，从分析结果看，竞争力互补性与竞争优势互补性很大程度上不具有同步性，这在很大程度上说明竞争力与竞争优势不具有必然联系，以中国与日本的化工产品为例，由表2 可知，中日两国化工产品 RTC 指数和 RRCA 指数分别为0.98 和0.76，这表明中日两国在化工产品上的竞争力趋近，但日本却更具有一定的竞争优势，竞争力与竞争优势之间存在偏差。即相对于中国而言，日本化工产品在东盟市场上不具有更强的竞争力，但比较优势却超过中国不少，这主要是由于中国对东盟出口化工产品占总体对东盟出口的比例要低于日本。

表4　中日对东盟贸易的政策偏离度

1	2	3	4	5	6	7	8	9	10	11
4.73	9.53	-0.40	10.91	2.14	1.00	0.70	6.11	0.36	1.36	4.28
12	13	14	15	16	17	18	19	20	21	22
32.72		0.15	1.01	0.81	1.12	1.02		4.63	1.09	1.96

根据表4 给出的中日两国出口政策均衡度，仅第三类产品的值小于0，说明中国对该类产品（动、植物油、脂及其分解产品；精制的食用油脂；动、植物蜡）净出口能力和比较优势上处理的力度超过日本，倾向于鼓励出口，甚至可能出现中国的净出口超出了现有的比较优势这种状况。而在第6、7、15、16、18、21 这六类产品上，中日两国的出口政策接近。在其他的11 类产品上中国在净出口能力和比较优势上处理的力度小于日本，倾向于抑制出口，可能存在过度抑制出口或鼓励进口的贸易政策。

三、结　论

其一，中日两国综合竞争力之间存在差异。一方面，中国对东盟贸易具有竞争力和竞争优势的产品类别要多于日本，但主要集中在传统的动植物产品、食品饮料、毛皮、纺织品、日用品等传统劳动密集型产品。总体来看，中国的贸易竞争力主要依赖传统的劳动密集型行业和资源密集型行业获得竞争力，这也在一定程度上印证了目前中国仍然是贸易大国，距离贸易强国还有一定差距。另一方面，日本具有优势的产品主要集中在珠宝、机器、电气设备、精密仪器等类别。总体上看，日本的贸易竞争力主要依赖资本密集型行业和技术密集型行业获得竞争力，这在一定程度上揭示出日本对东盟贸易具备较强竞争力的事实。

其二，中日对东盟贸易竞争性和互补性同时存在。针对中日两国在东盟贸易竞争性与互补性不同的情形，两国应采取有针对性的行业政策。以互补性为例，中日两国的某些产品处于全球贸易价值链的不同位置，两国应适当展开交流与合作，从而从中获取一定利益，但我们要清楚地认识到，在两国互补合作的背后同样隐藏着潜在的竞争趋势。因此，两国应根据两国各自产品的竞争性与互补性特点，加强互补性产品的贸易合作，运用、提高国际贸易合作优势，同时搞好区域间的竞争，这样既能发挥国际贸易合作优势，又能在竞争中提高两国产业的质量和品质。

其三，中日两国贸易出口政策倾向有所不同。普遍来看，至少在2014年日本比中国的出口政策（对东盟）表现相对倾向于鼓励出口。这种政策实际印证了近年来日本加强对东南亚的经济外交攻势，同时也说明中国对东盟的贸易逆差具有政策导向的因素。在2003年建立中国—东盟自贸区以来，中国实施了一系列“早期收获”让利措施，使东盟从中国获得了巨大的贸易顺差。但面对日本积极的鼓励出口政策，中国也有必要在“21世纪海上丝绸之路”倡议实施中采取必要的应对措施。

总之，分析中日两国对东盟贸易的竞争力、竞争优势、竞争与互补情况，不仅有助于加强中日两国的贸易合作，缓和两国间的政治矛盾和经济竞争关系，提高在东盟市场上的联合竞争力，同时也有助于两国充分利用两国的同质与非同质资源优势，进行最优化的投资与合作。

文化认知视角下的“一带一路”建设与地区合作

海泽龙*

丝绸之路拥有2000余年的悠久历史。它由中国西北部出发，经过中亚，抵达黑海和地中海沿岸，① 绵延万里之遥，诉说着沿途各国人民友好往来、互利互惠的悠长故事。如今，一个新的战略构想在世界版图铺展开来——共建“丝绸之路经济带”和“21世纪海上丝绸之路”。这一跨越时空的宏伟构想，融通古今、连接中外，承载着丝绸之路沿途及沿岸各国人民繁荣与发展的美好梦想，赋予古老的丝绸之路以崭新的丰富内涵。“千里之行，始于足下”，基于综合国力和地缘政治现实，“一带一路”建设势必经历一个先从中国周边做起，进而逐步推而广之的历程。日本和韩国作为东北亚地区与中国隔海相望的周边国家，中日韩三国之间的合作对“一带一路”建设的推进具有积极的示范作用。由于“一带一路”建设不单涉及互联互通等实体方面的各项建设，而且尤为重要的是民心民意和观念认知层面的深入交流交往和相互理解，因此，

---

* 海泽龙，新浪网《天下周刊》研究员，黑龙江省东北亚洲研究会研究员，台湾“中华青年发展联合会”特约研究员，韩国东亚和平研究院研究员，北京大学国际关系学院博士研究生。本文主要观点已经被韩国东亚和平研究院2017年研究项目《东北亚和平路：东北亚如何合作》论文集收录，并于近期在韩国、日本、中国分别出版。

① [美] 斯塔夫里阿诺斯著，董书慧等译：《全球通史：从史前史到21世纪（第7版）》，北京大学出版社2005年版，第90页。

“一带一路”建设必须克服中日韩之间的历史与现实纠葛，共同面向未来，构建“一带一路”建设坚实的认知基础。

一、“一带一路”的战略意义与中日韩合作

“一带一路”（The Belt and Road）是“丝绸之路经济带”和“21世纪海上丝绸之路”的简称。2013年9月初习近平在访问哈萨克斯坦时提出建设“丝绸之路经济带”,[①] 10月初访问印尼时又提出构建“21世纪海上丝绸之路”。[②] 两大构想强调相关各国要打造互利共赢的“利益共同体”和共同发展繁荣的“命运共同体”。“一带一路”建设是21世纪中国面向未来经济发展所做出的战略性安排，是一次理念与行动上的转型，具有重要的战略意义。

（一）民族复兴的标志性战略

重振丝绸之路与中华民族、中华文明的复兴不谋而合，意义特殊。“一带一路”不仅是以商业贸易、物资流动及人员往来为主要内容的“商路”的延伸，而且也是中国国家利益、国家总体安全的“边疆”的自然延伸与拓展。自改革开放特别是21世纪以来，中国综合实力的迅速增长。以刚刚过去的2014年为例：中国（除港澳台外）国内生产总值达到63.6万亿人民币，按汇率计算，排名世界第二；[③] 而根据国际货币基金组织按购买力平价法的测算，中国国内生产总值已达17.6万亿美元，超过美国的17.4万亿

① 习近平：《弘扬人民友谊　共创美好未来——在纳扎尔巴耶夫大学的演讲》（2013年9月7日，阿斯塔纳），《人民日报》，2013年9月8日第3版。

② 习近平：《携手建设中国—东盟命运共同体——在印度尼西亚国会的演讲》（2013年10月3日，雅加达），《人民日报》，2013年10月4日第2版。

③ 国家统计局：《2014年国民经济和社会发展统计公报》，国家统计局网站，2015年2月26日，http://www.stats.gov.cn/tjsj/zxfb/201502/t20150226_685799.html，2017年2月17日最后查阅。

美元，成为世界第一大经济体。[①] 在此背景下，“一带一路”的提出，不仅体现了21世纪中国经济进入“新常态”后，国内相关产业升级与产业转型所带来的客观而迫切的需求，更为重要的是，这也是新时期对国家战略利益的概括。它是新一代领导集体对于中国大周边环境的创造性思考，是中华民族全面复兴的标志性战略。“周虽旧邦，其命维新。”[②]

（二）思想文化的重大变革

中国历来就有厚往薄来、宣道扬德的外交思想，所以就有“有朋自远方来”的感慨。按西方著名学者的考证，在有据可考的几千年文明史中，中国差不多有1000多年是世界经济最强大的国家，甚至直到1500年，“在近代以前时期的所有文明中，没有一个国家的文明比中国文明更发达，更先进”。[③] 但囿于自身文化观念的诸多限制，我们并没有主导过世界经济社会的发展，没有真正地融入全球化，“天下观”还停留在东亚地区，[④] 乃至形成“东亚朝贡体系”。[⑤] 尤其是1840年至中华人民共和国建立前的百余年间，中国几乎一直处于列强的压榨之中。随着中国综合实力的迅速增强和国际战略格局的发展演变，与各国的交往合作越来越紧

---

① 《中国去年经济总量超10万亿 位居世界第二位》，中国网－2015全国两会，2015年3月11日，http：//news. china. com. cn/2015lianghui/2015－03/11/content_35016557. htm，2017年2月17日最后查阅。

② 《诗经·大雅·文王》。

③ ［美］保罗·肯尼迪著，王保存等译：《大国的兴衰——1500—2000年的经济变迁与军事冲突》，求实出版社，1988年版，第7页。

④ “天下”的定义：地理学上的“天下所有的土地”；心理学上“得民心得天下”；伦理学及政治学意义上“世界一家”（所谓四海一家），即地理、心理和社会制度三位一体、饱满、完备的哲学理念。参见赵汀阳：《天下体系：世界制度哲学导论》，江苏教育出版社，2005年版。

⑤ 朝贡体系，是自公元前3世纪开始，直到19世纪末期，存在于东亚、东南亚和中亚地区的，以中国中原帝国为主要核心的等级制网状政治秩序体系。常与条约体系、殖民体系并称，是世界主要国际关系模式之一。在朝贡体系影响下，东亚地区逐渐形成一个以汉字、儒家、佛教为核心的东亚文化圈。

密，中国在国际舞台上负责任大国形象日益彰显。① 所以这次要我们以更高的境界、更宽广的胸怀来丰富我们的文化，形成中国版的“文艺复兴”。② 从思想文化层面来讲，“一带一路”的实质是中华文明对近代以来西方列强根据自身强权政治形成的政治地理的根本性重塑。③

（三）促进内外平衡的重大举措

中国的改革开放从沿海地区开始，而基于“马太效应”的影响和市场经济的特点，经济诸要素日益向沿海地区流动，使沿海地区与内地的发展差距逐渐拉大。因此必须借助宏观调控“看得见的手”规范市场经济“看不见的手”，合理规划布局，适度平衡地区发展，缩小地区差距。就“一带一路”而言，“一带”即“丝绸之路经济带”有 4000 多公里在中国、尤其是中西部地区；“一路”即“21 世纪海上丝绸之路”则广泛涉及中国沿海地区，将“环渤海经济带”“长三角”“珠三角”以及福建、海南等地有机地联系在一起。重振“一带一路”，意味着要扩大对中国中西部地区和沿海地区尤其是相关相对欠发达地区的基础设施投资，加快地区之间的互联互通建设，改善当地投资环境，这对平衡中国的地区发展非常重要。同时，鉴于中国经济对外出口的依赖性较大，加之世界经济因金融危机和债务危机的影响增长迟缓，中国必须调整经济结构，进行相关产业升级和转型，重新平衡东西部地区、沿海与内地、国内与国外，以及相关的经济产业。

---

① 《李克强作的政府工作报告（摘登）》，《人民日报》，2015 年 3 月 6 日。

② 西方著名学者汤因比曾称：中国模式与希腊模式一样，“在历史中闪烁着耀眼的光芒，如果把这两种模式相互联系起来加以观察，它们则更加光彩夺目”。参见汤因比著，刘北成、郭小凌译：《历史研究》，上海人民出版社，2000 年版，第 39 页。

③ 关于中国与西方思维的差异，也可参见［美］亨利·基辛格著，胡立平等译：《论中国》，中信出版社，2012 年版，第 18—22 页。

（四）引领行业发展的强劲动力

历史上的陆路和海上丝绸之路就是一条促进相关行业发展的通商与繁荣之路，中国产的丝绸、茶叶、瓷器由此走向世界；这也是文化交流之路，佛教、许多外国物种由此传入中国。现实中，作为全球最大的外汇储备国，目前中国的外汇储备达4万亿美元。鉴于美国“量化宽松”和欧洲债务危机的经验教训，发达国家利用通货膨胀来冲销债务的前景令人担忧。与之相应，如果用外汇储备来对外投资，帮助其他国家共同发展，扩大出口市场，延续经济发展，形成中国版的“马歇尔计划”可能会是一个更好的选择。尤其是“一带一路”沿线及沿岸国家的铁路、海运、航空、公路等物流市场蕴藏着巨大商机，对中国运输和物流企业的市场价值日益凸显。据商务部消息，“一带一路”战略正在推动中国服务外包快速增长。2014年1月至10月，中国承接“一带一路”沿线国家服务外包合同金额和执行金额分别为89.5亿美元和73.2亿美元，同比分别增长21.1%和38.6%；其中承接东南亚11国的服务外包执行金额35.1亿美元，同比增长达70%。

（五）创设中国特色的国际公共产品

发展事关各国人民的切身利益，也事关消除全球安全威胁的根源。没有普遍发展和共同繁荣，世界难享太平。[①] 尤其是在世界经济发展迟缓、国际公共产品[②]供给短缺的情况下，中国自身迅速发展的经济实际上已经成为对周边及世界各国越来越重要的国际

---

① 胡锦涛：《努力建设持久和平、共同繁荣的和谐世界——在联合国成立六十周年首脑会议上的讲话》，《人民日报》，2005年9月16日，第1版。

② 公共产品（Public Goods）是一个经济学概念。公共产品是公共的，因为其供给和消费都不是一个人，而是一个群体。当代公共产品的研究最早来自于保罗·萨缪尔森（Paul Samuelson）。他在1954年发表《公共开支的纯理论》一文，给出了公共产品的定义：“每一个人的消费不会减少任意其他人对这种物品的消费”。参见 Paul Samuelson，“The Pure Theory of Public Expenditure,” *Review of Economics and Statistics*，Vol. 36，No. 4，1954，pp. 387 – 389。

公共产品。对此，中国的态度是：“欢迎大家搭乘中国发展的列车，搭快车也好，搭便车也好，我们都欢迎”。[①] 实际上，世界各国都想搭上中国经济快速发展的“便车”；也都希望中国增强软实力，多运用软实力，也欢迎中国加强软实力。[②] 中国正日益对世界经济发展、地区和平与稳定释放正能量，提供更好更丰富的国际公共产品，尤其是新兴市场国家有可能重蹈20世纪80年代全球性债务危机之覆辙之际，世界各国尤其需要“一带一路”机制及大规模基础设施投资启动有效需求，建立、巩固国家长期持续发展的基础。面对新兴市场国家对“发展型”国际公共产品的强劲需求，中国作为合作伙伴，通过创设“一带一路”为其提供融资、设计规划、设备、材料、建设等一揽子解决方案，夯实其经济社会可持续发展基础。这也是沿线沿岸国家踊跃对接“一带一路”的重要原因。[③]

（六）破解地缘政治问题的重要节点

中国拥有广袤的陆地领土，但也有漫长的海岸线，其西接“亚欧大陆的心脏地带”，东部地处“西太平洋边缘地带”，整体上为数个陆海强国所包围，并与周边国家存在不少领海领土争端。尤其明显的是，美国通过实施“亚太再平衡”战略，将在2020年前向亚太地区转移一批海军战舰，届时将60%的美国战舰部署在太平洋；[④] 同时，美国通过强化日美军事同盟、美菲军事关系，利

---

① 《习近平在蒙古国国家大呼拉尔发表重要演讲》，《人民日报》，2014年8月23日第1版。

② 俞新天：《掌握国际关系秘钥——文化、软实力与中国对外战略》，世纪出版集团、上海人民出版社2010年版，第142页。

③ 《沿线国家踊跃对接“一带一路”》，凤凰网—财经，2015年5月26日，http：//finance. ifeng. com/a/20150526/13731476_0. shtml，2017年2月17日最后查阅。

④ 《五问美亚太再平衡战略：能否兑现承诺?》，新华网，2012年6月6日，http：//news. xinhuanet. com/world/2012 -06/06/c_123238380. htm，2017年2月17日最后查阅。

用日本在钓鱼岛问题、[①] 菲律宾和越南在南海问题[②]上与中国的纠纷对中国施加压力，试图激化安全局势，恶化中国与邻国关系，进而挑起地区争端。最后，两岸关系尚未实现根本性好转，台湾问题仍牵制、占用了中国大部分国防资源，两岸关系尚存诸多不确定性因素。中国近代抵御外来侵略战争的历史表明，只要有巩固的大后方，国家最终都会转危为安。因此，“一路”可以为中国建设一个巩固而繁荣的大后方，“一带”则可有效化解来自东南沿海乃至东南亚、印度洋沿岸方面的压力，包括美国“亚太再平衡”的压力。尤其是通过“一路”打通欧亚大陆桥，中国与欧洲之间的贸易往来可以通过陆地运输，而不是海上运输来实现。中国在地缘政治战略上的回旋余地将大大增加。[③]

较之“一带一路”所涉及的大多数发展中国家，日本、韩国与中国隔海相望，经济发达，社会较为稳定，其无疑是中国外资的重要来源，其成熟的国内市场，也将成为中国对外投资的重要目的地。日韩两国是长期受到中华文明影响同时也受到西方文明形塑的国家，通过中日韩之间的合作，中国由近及远的政治地理重大变革对亚太战略格局所造成的冲击一定程度上会有缓冲作用，其相关行业因地利之便优势将更加明显，通过中日韩合作引领相关行业发展的动力将更为强劲。作为美国实施“亚太再平衡”战略的主要支点、第一岛链中的主要环节，日韩两国无疑在地缘政治中的重要作用十分明显，通过中日韩合作，中国可有效化解乃

① 《美日首脑发联合声明 再称钓岛适用于美日安保条约》，环球网，2015 年 4 月 29 日，http：//world. huanqiu. com/exclusive/2015 -04/6304025. html，2017 年 2 月 17 日最后查阅。

② 《中国严重关切东盟涉南海声明 反对个别国绑架东盟》，环球网—国际新闻，2015 年 4 月 29 日，http：//world. huanqiu. com/exclusive/2015 -04/6301557. html，2017 年 2 月 17 日最后查阅。

③ 地缘政治学“注重研究国际和国内政治活动、政治现象与地理环境的关系，这既包含对政治活动进行定向分析，又研究政治决策对地理环境的影响，它还深刻触及到当代世界和平与发展的主题。”［英］杰弗里·帕克著，李亦鸣等译：《二十世纪的西方地理政治思想》，解放军出版社，1992 年版，吴传钧所作“中译本序”。

至抵消相关针对中国的各类战略。而从中国邻近地区做起，通过中日韩合作，中国特色的国际公共产品无疑将会更加丰富多彩，效用更为强烈，成长速度更为迅捷。总之，中日韩之间的合作无疑将进一步加快中华民族复兴的伟大进程。

二、“一带一路”的特点与中日韩合作

“千里之行，始于足下”，基于综合国力和经济社会发展的规律，“一带一路”建设尤其需要从周边做起。日本和韩国作为东北亚地区与中国隔海相望的发达国家，其重要性尤其明显，而中日韩之间的合作对“一带一路”建设能否顺利实施尤为重要。

（一）范围上：涉及国家多、地区广

“一带一路”贯穿欧亚大陆，东边连接亚太经济圈，西边进入欧洲经济圈。据初步估算，“一带一路”沿线总人口约44亿，经济总量约21万亿美元，分别约占全球的63%和29%。在历史上，陆上丝绸之路和海上丝绸之路就是中国同中亚、东南亚、南亚、西亚、东非、欧洲经贸和文化交流的大通道，中国“打通了好几条陆上通道，促进了丝织品这种最重要的跨地区贸易品种的销售，也成为贸易大发展的原因之一”。① 而作为古丝绸之路的传承和提升，“一带一路”目前已经获得了国际社会尤其是沿途和沿岸各国民众的广泛认同。无论是发展经济、改善民生，还是应对危机、加快调整，尤其是沿途和沿岸各国深受世界及地区经济发展迟缓、社会矛盾逐步激化的时空背景下，许多沿线国家同中国有着共同的利益和国际责任。

---

① ［美］斯塔夫里阿诺斯著，董书慧等译：《全球通史：从史前史到21世纪（第7版）》，北京大学出版社，2005年版，第89页。

（二）形式上：理念和倡议的框架

“一带一路”并非一个实体和机制，而是合作发展的理念和倡议，很大程度上是一个发展导向而内容有待充实、完善的框架。它需要沿途和沿岸各国，依据自身综合国力和发展阶段的诸多特点，结合已有的各类国际及地区合作机制，开展相关合作和建设，促进互联互通，以贸易的大发展、大交流、大合作来带动沿途和沿岸地区的经济社会发展。从“一带一路”关于基础设施互联互通的早期规划来看，其内容涉及建筑、土木、水利水电、机械工程、环境工程、通信技术等领域，同时围绕基础设施互联互通、产业园区、贸易、金融和民间交流等层面。2014 年博鳌亚洲论坛年会开幕大会上，中国即全面阐述了亚洲合作政策，并特别强调要加快“一带一路”建设，其有利于促进沿线各国经济繁荣与区域经济合作，加强不同文明交流互鉴，促进世界和平发展，是一项造福世界各国人民的伟大事业。①

（三）性质上：存量与增量的结合

“一带一路”并非“另起炉灶”，而是存量与增量的完美结合。它借用古代“丝绸之路”的历史符号（存量），充分依靠中国与有关国家既有的双多边机制（存量），借助既有的、行之有效的区域合作平台（存量），积极主动地发展与沿线国家的经济合作伙伴关系（增量），共同打造政治互信、经济融合、文化包容的利益共同体、命运共同体和责任共同体（增量）。“一带一路”的建设不仅不会与亚太经济合作组织（APEC）、上海合作组织、欧亚经济联盟、中国—东盟（10+1）等既有合作机制（存量）产生重叠或竞争，还会为这些国际机制、国际组织增添和注入新的内涵和活力。

① 国家发展与改革委员会、外交部、商务部：《推动共建丝绸之路经济带和 21 世纪海上丝绸之路的愿景与行动》（经国务院授权发布），《人民日报》，2015 年 3 月 29 日第 4 版。

如果将已有的国际机制、国际组织视为具有刚性作用的石头的话，“一带一路”更多地是发挥“上善若水”的作用，“随风潜入夜，润物细无声”。“一带一路”这种存量与增量的结合，必将进一步促进已有国际机制、国际组织的密切联系，充实其合作内容，深化各类交流，加大相关“保险”力度，最终实现“双赢”和“共赢”。

（四）格局上：链式发展模式

“一带一路”建设打破原有点状、块状的区域发展模式，在沿途和沿岸各国总体上形成链式发展模式的格局。① 这意味着它有利于将多个国家或地区（主体）紧密联合起来，以贸易链、产业链、交通链等相关的各个环节为基础，依据自身基本国情和经济社会发展阶段，开展分工协作，各取所需，形成优势互补、共同发展的良好局面。无论是早期的深圳经济特区，还是平潭综合实验区，乃至2013年成立的上海自贸区等经济社会发展模式，都是划定特定的区域或地域为发展突破口，形成点状（涉及区域较小）或片状（涉及区域较大）的发展局。“一带一路”的链式发展模式形成带状的综合发展，彻底改变之前点状、块状的发展格局——在国内，从横向看，其贯穿中国东部、中部和西部；而从纵向看，其连接主要沿海港口城市；在国外，其不断向中亚、东盟、中东、非洲及欧洲多个方向依托市场经济的决定性力量“看不见的手”自然延伸。这无疑将改变中国区域经济社会发展的版图，强化相关省区间的互联互通、产业承接与转移，加快中国经济发展的转型升级，同时也促进沿途和沿岸各国经济社会的繁荣发展。

① 链式发展模式是将不同主体之间通过各种关系的建立将彼此联系在一起，共享资源和信息、共担风险、共享收益的发展模式。

（五）原则上：开放平等包容

“一带一路”建设秉持的是共同协商、共同建设、共同分享原则，不是封闭的，而是开放包容的；不是中国一家的“独唱”，而是沿线和沿岸国家的“大合唱”；不是狭隘、空洞的口号，而是看得见、摸得着的实际开放举措，契合沿线和沿岸国家的共同需求，将给相关地区国家带来实实在在的利益。同时，“一带一路”建设不是要替代现有地区合作机制和倡议，而是要在已有基础上，推动沿线国家实现发展战略相互对接、优势互补，其基础较为宽泛，也较为明显。目前，已经有60多个沿线国家和国际组织对参与“一带一路”建设表达了积极态度。[①]“一带一路”建设、亚洲基础设施投资银行都是开放的，中国将欢迎沿线和沿岸国家和亚洲国家积极参与，也欢迎其他地区的国家共襄盛举。目前，“一带一路”建设的愿景与行动文件已经制定，亚洲基础设施投资银行筹建工作迈出实质性步伐，丝路基金已经顺利启动，一批基础设施互联互通项目已在稳步推进。这些早期收获向我们展现了“一带一路”的广阔前景。

较之“一带一路”沿线国家，日本和韩国作为中国邻邦尽享诸多“地利之便”——在范围上“近水楼台先得月”；在形式上，已有中日韩自贸区框架、亚太经合组织等现有机制可资利用，尤其中韩自贸协定已于2015年6月1日签订；[②] 在性质上，现有的基础较为稳定，即使是有政治议题、历史议题的诸多干扰，但并未真正阻止中日韩之间尤其是中日之间、日韩之间的正常贸易往来；格局上，中日韩合作将充分利用已有的产业布局，通过“一带一

---

① 《一带一路建设不是中国独奏 是沿线国家合唱》，凤凰网，2015年3月29日，http：//news.ifeng.com/a/20150329/43437508_0.shtml，2017年2月17日最后查阅。

② 《习近平主席与韩国总统朴槿惠就两国正式签署中韩自贸协定互致贺信》，外交部网站2015年6月1日，http：//www.fmprc.gov.cn/mfa_chn/zyxw_602251/t1269003.shtml，2017年2月17日最后查阅。

路”加强互联互通，进一步构建链式发展布局；在原则上，“开放、包容、平等”的理念已经在以往的中日韩合作中得以发挥，“一带一路”将该类原则重新强调，意味着该类原则实际一以贯之，中日韩合作更加得心应手，效果更加明显。

三、中日韩合作的文化认知障碍与“一带一路”

中日韩三国都是世界经济和贸易大国，作为东北亚区域经济的基础，三国合作不仅在东北亚，而且在亚洲乃至全球范围内产生着非常重要的影响。目前，中日韩三国经济总量占世界的1/9和亚洲的70%，在全球经济中占举足轻重的地位。① 尽管中日韩合作带有诸多“地利”之便和存量的“先天优势”，但“一带一路”战略要获得成功，仍有包括文化认知在内的诸多问题有待解决。

（一）美国“亚太再平衡”战略的文化认知干扰

美国“亚太再平衡”战略的主要目的是应对中国的迅速崛起。而“一带一路”战略的目标之一，就是化解“亚太再平衡”的消极影响。基于中国国际战略和综合实力，美国“亚太再平衡”战略首先要做的是约束中国，促使中国尽可能以国际社会——确切地说是美国等西方国家能接受的手段和方式追求自身国家利益，以渐进方式逐步实现和平崛起，亦即是一种又接触又防范的“两面下注”战略，“又竞争又合作”将成为一种新常态。该战略体现的仍旧是盎格鲁—撒克逊的传统国际战略——构建“均势”，即扶助弱国一方以实现某一地区的力量平衡，防止地区大国进一步“坐大”继而冲击自己的安全与利益。美国在二战后充分运用该战略：在欧洲通过建立北大西洋公约组织，支持西欧对抗苏联；在中东地区，支持以色列对抗阿拉伯国家；在东亚地区，通过一系

① 宋耀明：《中日韩自贸区建设影响深远（声音）》，《人民日报（海外版）》，2013年8月29日，第2版。

列双边同盟（美日、美韩、美菲等）以“扇形结构”对抗维持自身霸权影响，并且将“第一岛链”视为封锁的重要链条。[①] 目前，在与“一带一路”相关的地区，该战略主要表现为在钓鱼岛问题上通过加强日美同盟支持日本，在南海岛屿争端问题上支持菲律宾和越南，其实质是反对中国。这导致了中美在文化认知上形成“战略互疑”。

（二）日本的战略文化认知干扰

日本外交的文化认知特质：日本历史上就有“与国际体系中最强者”结盟的传统，[②] 同时，日本作为海洋国家对邻近的大陆国家崛起而产生的海洋航道安全有天然关切。

日本已经认知到：由于历史问题，中国难以对日本成为全球性大国显示宽容——这在日本“入常”问题上尤为突出，因而只有通过依靠与美国结盟才能恢复普通大国身份进而获得全球大国地位，这种战略转型早在20世纪90年代中期就已经基本成型。[③] 其重要标志就是由日本在国际社会鼓吹“中国威胁论”，主张国际社会应采取措施，遏制中国实力快速发展。尽管中国较之20世纪更为开放，日益遵循国际社会规则处理各类国际事务，中日之间的经济贸易往来也日益紧密，但日本在认知层面始终抱有“脱亚入欧”观念，认为日本和美国等国同属西方民主国家，而中国仅是一个发展中国家，与日本有较大差距，试图保有“优越感”。这

① 所谓“岛链”，是由美国前国务卿杜勒斯在1951年首次明确提出的一个特定概念，第一岛链是包括日本群岛、琉球群岛，中接台湾岛，南至菲律宾群岛，大巽他群岛；第二岛链起点也是日本群岛，经小笠原诸岛、火山列岛等延至哈马黑拉群岛。随着苏联解体，两条岛链不再具有意识形态的意义，但却被一些人看成遏制中国海军向大洋发展的两条战略阵线。

② 关于结盟作为“历史政治文化”（History-Political Culture）在日本对外战略中的作用，参见Thomas Berger，*Cultures of Antimilitarism*：*National Security in Germany and Japan*，Baltimore：The John Hopkins University Press，1998，pp. 55－60。

③ Mike M. Mochizuki，*Japan*：*Domestic Change and Foreign Policy*，Santa Monica：Rand，1995，pp. 47－54.

在相当程度上也决定了日本在中美之间的“战略取舍”。[①] 而当中国综合实力超过日本成为仅次于美国的世界第二大经济体时，日本在文化认知上较为复杂。日本不是担心和害怕现在的中国，而是担心和害怕未来的中国——一个可能在东亚地区挑战美国霸权地位、具有和日本实力相当的科技与工业生产能力，有别于美日政治体制和价值观念，并且拥有区域力量投放能力的中国，日本需要一个针对“超越”和“钳制”日本的中国来建构自己的认知和战略反应。[②]

（三）韩国的战略文化认知干扰

有民间谚语称朝鲜半岛是“鲸鱼群中的一只虾米”，其地缘政治的地位可想而知。21 世纪以来，随着与中国经济社会发展诸多领域的日益紧密，韩国国家战略已经到了“十字路口”——是“应该继续加强、延长和改进与美国的军事同盟还是与其传统的、20 世纪前的宗主国中国发展‘战略包容’”。[③] 对此，韩国更多的是采取较为现实的态度予以对待，试图在大国间采取战略平衡政策，既欢迎美国的驻军和对朝鲜半岛等亚太区域的安全义务，又不愿美国对中国采取“遏制政策”，也不愿跟随美国对中国采取强硬的对抗行动。韩国在战略文化认知上一直认为，即使是作为美国的盟国，韩国也完全可以基于韩国国家利益的实际需要，跟中国发展正常的国家关系，建立更紧密的经济乃至战略合作。时任

---

① 有关美日是“共同阵营”的伙伴，参见 Gerald L. Curtis. ed. , *The United States*, *Japan and Asia*: *Challenges for U. S. Policy*, W. W. Norton & Company, 1994; Michael J. Green and Patrick M. Cronin, eds. , *The U. S. – Japan Alliance*: *Past*, *Present and Future*, New York: A Council on Foreign Relations Book, 1999; Steven K. Vogel, ed. , *U. S. – Japan Relations in a Changing World*, Washington D. C. : the Brookings Institution, 2002。

② 当国家间权力分配开始变化时，是国家对“制衡”对象的知觉而非单纯的制衡行为，决定了该国的战略选择。参见 Charles I. Glaser, “The Security Dilemma Revisited”, *World Politics*, Vol. 50, No. 1, 1997, pp. 171 – 201。

③ Richard Halloran, “U. S. – Korea Relations at Crossroad”, *Washington Times*, March 11, 2005.

总统朴槿惠所称的亚洲国家经济靠中国、安全靠美国的“亚洲悖论”是可以避免的。

尤为明显的是6月1日，中韩自贸协定正式签署，这是中国迄今为止对外签署的覆盖议题范围最广、涉及国别贸易额最大的自贸协定，标志着中韩自贸区建设正式完成制度设计，即将进入实施阶段。协定将开启中韩经贸新竞合时代的大幕，两国产业也将从深度融合走向平衡竞争。中韩自由贸易协定最终让韩国搭上中国“一带一路”顺风车，加速与中国互联互通而融入亚欧大陆。韩国已保留亚洲基础设施投资银行（AIIB）创始国资格，将来完全可以更进一步融合进亚欧大市场，而日本、美国等太平洋地区国家如一味搞离岸制衡，将可能错失欧亚大陆文明复兴的机遇。[①]

（四）与其他国家的文化认知协调问题

“在冷战后时代的新世界中，冲突的基本源泉将不再首先是意识形态或经济，而是文化……全球政治的主要冲突将发生于不同文化的国家和集团之间。文明的冲突将主宰全球政治。”“下一场世界大战，如果有的话，必将是所有文明之间的战争。”[②] 国内学界不少学者纷纷予以批驳，国内诸多专家学者也曾专门就“文明冲突论”进行评析。[③]“一带一路”建设势必涉及不同地域、不同文明之间的交流、交往乃至摩擦、冲突。中日韩合作彼此之间也存在文化认知协调问题，而当中日韩作为儒家文化圈的国家行为体与“一带一路”其他国家和地区交流交往时，同样存在文化认知的协调问题。

与此同时，基于国家利益的文化认知和现实需要，如果中国在“一带一路”所涉及的诸多区域的战略关系能够保持稳定与合

---

① 王义桅：《中韩自贸协定的五重效应（望海楼）》，《人民日报（海外版）》，2015年2月27日第1版。

② Samuel Huntington，“The Clash of Civilization”，*Foreign Affairs*，Summer 1993.

③ 王缉思主编：《文明和国际政治》，上海人民出版社，1995年版。

作，包括马来西亚、新加坡等中小国家的战略平衡政策就能够得到基本的保障，避免加入某一个大国而采取与另外的大国对抗的政策。这些中小国家的战略平衡政策是东亚区域稳定与和平的重要力量，也为“一带一路”建设的顺利开展提供了相应的战略回旋空间。

四、加快“一带一路”建设、提升中日韩合作的若干建议

任何一项改革措施都会触动现有利益格局。“一带一路”带领中国改革开放进入深水区和攻坚期，因此必须统筹规划，深入开展相关领域的各类研究工作，积极稳妥地提供相关应对之策，这包括以下几方面。

（一）顶层设计和基层设计相结合

“一带一路”建设基本上没有经验可资借鉴。虽然历史上有丝绸之路和海上丝绸之路的经验积淀，但当今的中国和历史上的中国，无论在综合实力、军事实力、国际影响还是时空背景上均不可同日而语。而“一带一路”的整体规模十分庞大，所涉领域繁多，一旦中国决定重走“丝绸之路”，就意味着相关沿线和沿岸国家和地区必须充分承受中国13亿人口和10万亿美元经济总量的重量级的“熊猫冲击”。改革开放初期尚缺总体设计、采取渐进式试错的“摸着石头过河”的方式已经不能满足中国这类“超大型”国家①发展的实际需要，因此必须搞好顶层设计。“一带一路”的顶层设计应强调规则简单、机制高效，与之对应的基层设计则应强调实事求是、稳妥可行。同时，基层设计不再是传统上的“摸着石头过河”，而是在顶层设计引导下进行的创新性探索，在实践中要通过顶层设计引领基层设计，通过基层设计为顶层设计奠定坚实基础，共同推进周边国家尤其是日本、韩国对于“一带一路”

① 王占阳：《超大型国家的战略研究只能靠自己》，《人民论坛》，2010年第30期。

建设的积极性和创造性，助力“一带一路”各项建设的顺利开展。

（二）链式发展的点线面相结合

作为链式发展模式，“一带一路”是点、线、面的综合体，是多主体发展。这既有不同产业“线”的发展，也有不同地域“点”的建设，更有不同国家和地区“面”的分化组合。其关键在于多主体即不同的国家和地区依据自身实际国情发展相关产业，形成有效的产业链、价值链，通过市场经济“看不见的手”，逐步推进物资和人员的各类互联互通。因此，应充分做好点、线、面的结合，让相关的“点”“线”“面”各司其职、各安其业、各抒其长，让市场经济真正发挥基础性作用，因势利导，顺势而为，进而分享“一带一路”建设带来的各类和平红利、经济红利。具体到中日韩合作，则意味着要进一步推进中日韩自由贸易区的建设，并通过中韩自贸协定的示范效应，软化韩国相关战略文化的不良认知，消减日本战略文化认知中的不利因素，通过渐进积累，增强中日韩之间的相互信任，进而更好地开展“一带一路”相关建设。

（三）大国协调与周边外交相结合

在“一带一路”的总体布局中，大国外交居于举足轻重的战略地位。在陆地上，“丝绸之路经济带”能否取得成功，首要的是取决于中国与俄罗斯、欧盟之间的外交关系。保持中俄关系高水平运行，是“一带一路”倡议的优先发展方向；欧盟中的德国、意大利、法国及英国则是“一带一路”的西方引擎。如果欧洲大国对“一带一路”反应不积极，即使实现了“一带一路”的贯通，也难以维持，因为没有欧洲经济圈的加盟，“一带一路”就失去了互利共赢的基础。作为当今世界唯一超级大国的美国及其盟国体系，影响力遍及全球，对“一带一路”影响同样十分巨大，对海上丝绸之路的影响尤甚。尤其近一段时期，美国在南海岛礁建设上频频发难，搅动地区局势。① 因此，通过大国外交，协调和稳定与俄罗斯、美国、欧盟国家的关系，同时，通过加强中日韩合作，深耕周边，结好四邻，使大国外交与周边外交充分结合，为“一带一路”建设营造友好和谐的地区环境，“在实现自身发展的同时，推动全亚洲团结、合作、发展，早日迎来属于自己的光荣”。②

（四）民间外交与公共外交相结合

受到种种复杂因素的制约，“一带一路”沿线国家的步伐也并不完全一致，需要瞄准攸关地区发展全局的重点国家，搞好民间外交和公共外交，日本和韩国也应成为重点。因此可鼓励中国企业、媒体、非政府组织和公民网络拓展包括与日韩在内的海外联系，加强规范协调，使之健康有序地参与涉外交流；同时应向周边国家尤其是日韩两国，充分介绍中国的内外政策，讲好中国故事，传好中国声音，强化公共外交影响。与此同时，积极推进中国与周边国家特别是日韩的文化交流，鼓励教育、文化、艺术等领域的团体加强交流，将财经、文化、宗教等各届别的人士组织起来，建立各种形式的协会、基金会，搞好民间外交，让世界倾听民众的真实看法。尤其是在中日韩合作中，以韩国加入亚洲基础设施投资银行、中韩签订自由贸易区以及对“一带一路”表现出极大兴趣为标志，中国的影响力、中韩战略合作伙伴关系的重要性在韩国民众心目中的地位日益提高。中韩关系的拉近，可能撬动东北亚“一带一路”实现突破，也对日本及美国对“一带一路”的文化认知形成冲击。

---

① 《克里提出对中国南海填海关注 王毅：不要有误判》，凤凰网，2015 年 5 月 16 日，http：//news. ifeng. com/a/20150516/43771826_0. shtml？_CPB_404_R4，2015 年 6 月 20 日最后查阅；关于“美国高调介入南海问题”，参见《独家解析：美国“南海三不建议”是为束缚中国手脚》，台海网，2014 年 7 月 16 日，http：//www. taihainet. com/news/txnews/sz/2014 - 07 - 16/1282213. html，2017 年 2 月 17 日最后查阅。

② 《习近平欢迎出席亚信第四次峰会的各国贵宾》，《人民日报》，2014 年 5 月 21 日第 2 版。

（五）经济红利与心灵契合相结合

物质基础决定上层建设。基于市场经济的经济红利将会使“一带一路”建设的动力更为强劲，但单纯的物质因素并不能真正使相关国家和民众对“一带一路”建设产生充分的好感和理解，尤其是对于中国这类具有自身悠久而独特文明的“超大型”国家而言。“国之交在于民相亲。”巩固和扩大同日本、韩国等周边国家的人文交流，关系到中国周边战略长远发展的社会和民意基础。因此，必须在对外尤其是对日韩的交流交往中，强调打造周边“命运共同体”，一方面加快区域经济一体化建设和中日韩自贸区的推进工作，另一方面应深入开展旅游、科教、地方合作等友好交往，广交朋友，广结善缘，包括在孔子学院、中国文化中心、体育盛会、影展和各种文化艺术节等平台基础上，以亚洲精神为统摄，鼓励中日韩之间多民族、多文化的对话，为中日韩民众之间的文化理解和融合创造条件，达到经济红利与心灵契合相结合，从而争取更多、更深入、更持久的民意支撑。

东北亚地区“一带一路”合作共生系统研究

衣保中　张洁妍*

古丝绸之路包括陆上丝绸之路和海上丝绸之路，曾是中国与其他亚欧国家进行经贸往来和文化交流的重要通道，是沟通东西方文明的桥梁和纽带，从开辟到繁荣再到衰落，历经2000多年的沧桑变迁，对中国及沿线国家的经济社会发展和文化交往做出了突出贡献。2013年9月和10月，中国国家主席习近平在访问哈萨克斯坦和印度尼西亚时分别提出了建设“丝绸之路经济带”和“21世纪海上丝绸之路”的战略构想。党的十八届三中全会进一步明确提出：“推进丝绸之路经济带、海上丝绸之路建设，形成全方位开放新格局。”在新近召开的亚太经济合作组织（APEC）峰会期间，中国政府发起建设的亚洲基础设施投资银行和丝路基金使得“一带一路”在亚洲各国逐渐达成共识。“一带一路”建设的再度兴起，是国家进一步扩大对外开放的全新战略构想，也是构筑新时期国家战略安全体系的重要内容。“一带一路”建设并不仅仅是传统意义上的通道建设，而是旨在通过政策沟通、道路联通、贸易畅通、货币流通、民心相通的“互通互联”，构建起一个紧密

* 衣保中，黑龙江木兰人，理学博士，吉林大学东北亚研究中心教授，博士生导师；张洁妍，吉林洮南人，吉林财经大学金融学院讲师，吉林大学东北亚研究院博士研究生。

联系、活跃共生的大经济区。一方面将实现与国内相关区域经济发展战略的对接，为沿线省份和地区带来新的发展机遇，缩小区域差距，推动区域经济协调发展；另一方面将促进亚太经济圈与欧洲经济圈的沟通，将亚欧大陆打造成潜力巨大的经济发展走廊。①

新形势下，积极响应国家政策导向，主动参与“一带一路”建设，将为东北地区乃至整个东北亚地区迎来新一轮的发展机遇，实现与东北老工业基地振兴和图们江区域开发开放战略的有机融合，推动沿边地区的经济发展和边疆地区的安全与稳定。东北亚地区的“一带一路”建设具有深厚的历史渊源和现实基础，在此基础上开展区域合作将有利于消除边界屏障，盘活整个区域的经济社会发展。将生态学中的共生理论引入东北亚“一带一路”合作的理论建设，构建区域合作共生系统，以系统性和动态性的视角分析其合作共生模式和机制的创新演进，可以为形成更加有序稳定的“一带一路”合作共生系统提供理论依据，并以此丰富东北亚地区“一带一路”建设的实践经验。

一、东北亚地区“一带一路”辟建的历史渊源和现实基础

（一）东北亚地区“一带一路”辟建的历史渊源

中国古代进行东西方商贸和文化交流的丝绸之路四通八达，形成了包括西域丝绸之路、草原丝绸之路、西南茶马古道和海上丝绸之路等几大为世人所熟知的路线，但东北亚丝绸之路这条曾经承载着东北亚地区重要的丝绸、貂皮等贸易和科技文化交流的重要通道却被淹没于文献记载之中。依据历史学界考证，自汉代伊始，伸向东北亚各地的海上丝绸之路和陆上丝绸之路共有11条

① 任宗泽、石英、白宽犁：《丝绸之路经济带发展报告（2014）》，社会科学文献出版社，2014年版，第1—4页。

之多。① 这些古道随着历史演进和地缘关系变迁有些已完成其使命，有些仍然对当今东北亚地区的商贸和文化交流路线产生着深远的影响，如以珲春为枢纽所形成的东北亚丝绸之路对今天的“一带一路”辟建仍极富现实意义。

根据史料记载，珲春自古以来就是东北亚丝绸之路的重要枢纽，对东北亚地区的物质文化交流发挥着至关重要的作用。在东北亚丝绸之路首度繁盛的唐代渤海国时期，当时的东京龙原府即现在的珲春市八连城。渤海国所开辟的龙原日本道，成为中日两国政治、经济、文化交流的要道。当时赴日本的海陆交通线均经由龙原府到达毛口崴（今俄罗斯克拉斯基诺南面波谢特海湾）渤海国盐州（今俄罗斯哈桑区克拉斯基诺村东南 2—3 公里古城），甚至唐朝所输送的物质也由此进入日本，龙原府成为名副其实的日本道中枢。② 金代丝绸之路全长达 5000 多公里，在国内段设六京、十九路，珲春一带为上京路的曷懒路。金末蒲鲜万奴建立割据政权——东夏国（1215—1233 年），设置开元、南京和率宾三路，珲春属于率宾路管辖。元于 1233 年灭东夏后，珲春归属辽阳行省（今辽宁省辽阳市）开元路管辖。③ 明朝时期的东北亚丝绸之路进入巅峰时期（1403—1424 年）。明朝时期所开辟的两条丝绸之路，其一是著名的“郑和七下西洋”的海上丝绸之路；其二便是“亦失哈九上北海”的东北亚丝绸之路。明代的东北亚丝绸之路是通过朝贡和贡赏的形式，将内地丝绸运往黑龙江下游，并以山丹交易，形成日本的“虾夷锦”文化。在奴儿干都司境内路线主要包括运往北疆的“海西东水陆城站”以及通往东疆的“开原东陆

---

① 陈鹏：《路途漫漫丝貂情——明清东北亚丝绸之路研究》，兰州大学出版社，2011 年版，第 2—14 页。

② 孟东风：《东北亚海上丝绸之路——唐代渤海国的“龙原日本道”》，《中国典籍与文化》，1993 年第 3 期，第 18—23 页。

③ 《深化区域合作，复兴东北亚丝绸之路》，文汇网，http：//paper. wenweipo. com/2014/07/29/zt1407290017. htm ，2014 年 7 月 29 日。

路至朝鲜后门”和“纳丹府东北陆路”。其中“纳丹府东北陆路”即是从纳丹府（今桦甸苏密城）东北行，经那木剌站、善出、阿速纳合、潭州、古州、旧开原、毛怜通往图们江下游、珲春一带。[①] 清代沿用此路线，珲春依旧是重要的交通枢纽，珲春在清末民初时期的发展已颇具规模，直到20世纪30年代，珲春成为国际性的商业城市，一直保持着良好的贸易发展势头。尤其中国于1992年把珲春列为首批对外开放的沿边口岸城市，图们江国际合作开发拉开序幕，历史时期的东北亚丝绸之路迅速被激活。

（二）东北亚地区“一带一路”辟建的现实基础

20世纪90年代初，图们江地区的合作开发成为东北亚区域经济合作的热点。1991年，联合国开发计划署（UNDP）倡导国际合作开发图们江三角洲，成立图们江地区开发项目（TRADP），开始了对图们江地区的合作开发。1995年，中、俄、朝三国以及中、俄、朝、韩、蒙五国针对图们江地区的国际合作问题签署了三个合作的框架性文件，使得图们江地区的合作开发进入了实际操作阶段。2005年9月，各国代表通过签署《成员国关于大图们倡议的长春协定》延长了1995年的合作框架文件，并扩大了合作区范围成为大图们区域（GTR），将合作的框架名称从图们江地区开发项目（TRADP）变成大图们倡议（GTI）。2009年8月，《中国图们江区域合作开发规划纲要——长吉图为开发开放先导区》获得正式批复实施，图们江区域合作上升为国家战略，图们江区域的合作得到了极大程度的支持和推进。[②] 至今，图们江的区域合作作为联合国的倡导项目实施已有20多年之久，合作国家均保持着一定的参与热情并呈现出逐渐升温的势头，大图们江次区域经济合

---

① 杨旸：《明代东北亚丝绸之路与“虾夷锦”文化现象》，《社会科学战线》，1993年第1期，第118—124页。

② 李铁、白忠凯：《长吉图战略的“东进西连”发展战略研究》，吉林人民出版社，2014年版，第2—91页。

作已经成为东北亚区域经济合作的重要形式。

珲春位于东北亚的几何中心，是东北地区唯一的对俄、对朝开放口岸，分别与俄罗斯滨海边疆哈桑区和朝鲜罗津—先锋自由经济贸易区、咸境北道在东南和西南相邻，向东与韩、日隔海相望，与波谢特、海参崴、罗津等众多俄罗斯和朝鲜的港口相对，距图们江出海口仅 15 千米，是图们江区域国际合作开发的核心区，具有极大的地缘优势和发展潜力。尤其在 2012 年 4 月，国务院批准在珲春市设立“中国图们江区域（珲春）国际合作示范区”，赋予合作示范区在合作模式、管理模式等方面大胆创新、先行先试的权利。以珲春地区为枢纽，通过长吉图战略的“东进西连”，形成东北亚地区新的“一带一路”合作区域，有助于深化东北亚区域合作，扩大图们江国际合作的辐射范围。东北亚地区的“一带一路”路线即以珲春为核心，向东通过俄罗斯扎鲁比诺港和朝鲜罗津港进入日本海，构建东北亚地区的海上丝绸之路，向西连接蒙古国乔巴山霍特段铁路及俄罗斯西伯利亚大铁路，实现与俄罗斯跨欧亚大铁路和蒙古国草原之路对接，形成新的亚欧大陆桥，构建起东北亚地区的陆上丝绸之路。

目前，在东北亚地区“一带一路”辟建上，已取得初步进展。海上丝绸之路的建设方面，对俄口岸通道建设上，目前已启动建设千万吨国际换装站，扎鲁比诺港一期改造工程竣工，克拉斯基诺口岸新联检楼即将投入使用，先后开通了经俄罗斯扎鲁比诺、符拉迪沃斯托克至韩国束草、釜山以及日本秋田、新泻的陆海联运航线，珲春至卡梅绍娃亚铁路常态化运营，正在谋划建设珲春至符拉迪沃斯托克高速公路以及扎鲁比诺通往日本敦贺航线；对朝通道建设上，朝鲜元汀口岸至罗津港二级公路改造项目竣工，中国珲春圈河至朝鲜元汀老跨境大桥已修缮完毕，新跨境大桥开始动工建设，正在争取开辟中朝甩湾子铁路口岸，基本实现了对俄、对朝口岸的“借港出海”。在内贸外运建设上，开辟了珲春经朝鲜罗津港至上海、宁波的内贸货物跨境运输通道，内贸跨境外运货物已累计超过10余万吨。目前图们江地区已经形成了以珲春为中心，包括中俄、中朝公路通道、中俄铁路通道和多条海路联运通道的区域陆海交叉的通道网络，海上丝绸之路构建取得阶段性胜利。陆上丝绸之路建设主要体现在中蒙大通道建设上，目前正在积极争取“两山”铁路的开通，开通后将形成欧洲—蒙古国—乔巴山—塔木萨格布拉格—松贝尔—阿尔山—乌兰浩特—白城—松原—长春—吉林—图们—珲春的一条陆上通道，并通过珲春经扎鲁比诺或罗津港连接出海，形成名副其实的东北亚海陆大通道。① 在国内段建设方面，将着手构建与延龙图前沿、长吉腹地以及相邻省区的现代化立体交通网，实现与东北地区四省各主要经济带的互通互联，沿边与腹地联动。目前已建成珲春—图们公路、珲春—东宁公路、长春—珲春高速公路、珲春—乌兰浩特高速公路、图们至珲春高速公路，吉图珲铁路客运专线将于2015年全面开通。

二、共生理论及其在东北亚地区“一带一路”合作中的适用性分析

（一）共生理论

“共生”概念最初来源于生态学，用于描述种群的生存状态，首先由德国真菌学家德贝里（Anton de Bary）于1879年提出，其将共生定义为“不同种属生活在一起”，即不同种类的一个或多个成员之间延伸的物质联系。② 共生是自然界中生物为提高生存几率所采取的一种协同合作行为，是一种较为普遍的生态现象，也是重要的生物进化方式。随着共生理论的发展，人们发现该理论在

① 梁振民、陈才：《东北亚国际合作与东北第二条亚欧大陆桥建设研究》，《东北亚论坛》，2012年第5期，第59—64页。

② 朱云龙、陈瀚宁、申海：《生物启发计算——个体、群体、群落演化模型与方法》，清华大学出版社，2013年版，第37—39页。

社会经济文化领域的研究中也存在着高度的契合性而将其引进。

一般认为，共生是共生单元之间在一定的共生环境中按某种共生模式形成的关系，即共生由共生单元、共生模式和共生环境三要素构成。共生单元是指构成共生关系的基本能量生产和交换单位，它是形成共生关系的基础与基本物质条件。共生模式，也称共生关系，是指共生单元相互作用的方式和强度，它既反映共生单元之间物质和信息的交流关系，也反映它们之间能量的互换关系。从行为方式上划分，可分为寄生、偏利共生和互惠共生三种模式；从组织程度上划分，又可分为点共生、间歇共生、连续共生和一体化共生四种模式。共生环境是指与共生关系产生和发展所联系的环境，通常指共生单元以外的所有因素的总和。①

（二）共生理论在东北亚地区“一带一路”合作中的适用性分析

“一带一路”合作问题实质上就是次区域合作与区域协调发展问题的结合，在合作过程中更加注重合作的主体发展的协调性和互利性。根据现有的相关研究文献，对于“一带一路”合作问题的分析多集中于实践层面的构建上，理论方面的分析也多从点—轴理论、区域分工理论、区位论、空间结构理论等方面着手研究。然而，“一带一路”合作涉及多个合作区域、合作部门以及多种合作内容，尤其在东北亚地区地缘关系复杂，各国政治经济制度相异，经济发展水平也存在着巨大的差距，这些特点决定了开展“一带一路”合作是一项复杂的系统性工程，从单一视角进行分析往往具有片面性。如何从复杂系统视角来分析多个参与主体的合作行为、合作方式以及参与合作的动力机制，探索合作状态如何达到均衡稳定成为一个需要深入探讨的问题。共生理论的引入可以为解决上述问题提供一个新的研究视角。

① 袁纯清：《共生理论——兼论小型经济》，经济科学出版社，1998年版，第7—82页。

首先，共生是一种自组织演化过程，反映由共生单元构成的复杂开放系统通过共生单元之间以及共生单元与外界之间的信息、物质、能量的交换，自发地形成相互吸引与合作关系的过程。在东北亚地区“一带一路”合作中，可以将东北亚地区“一带一路”合作的参与主体视为多个各异的生态种群，各个种群通过复杂的种群内和种群间关系自组织构成一个合作共生系统。即由于区域政治经济的差异性和空间非均质性的存在，在资源、要素不能完全自由流动的前提下，依据比较优势原理，区域间和国际间的分工由此产生，分工促成了区域和国家间合作依存关系的形成，并通过进一步的分工合作形成更加紧密的依存关系，共生关系就此产生，共生推动着资源、要素的优化配置，促使合作系统向更高的阶段演进。

其次，共生关系是一种协调互补关系。在东北亚地区“一带一路”合作中的各个参与主体在地缘关系上接近，历史文化渊源深厚，在资源结构、产品结构和产业结构上存在着较大的互补性，具有较高的亲近度和关联度，满足共生关系形成的必要条件，即共生单元之间具有一定的亲近度或关联度。尽管各参与主体在经济和社会制度以及经济发展水平上具有差异性，但在参与区域经济合作的愿望、积极建立合作政策和机制、维护区域安全获得共同收益等方面质参量相容，即可以形成协调互补的共生关系，使东北亚地区的“一带一路”合作更具活力和竞争力。

再次，共生的本质是协同与合作，东北亚地区“一带一路”合作中，一方面各参与主体为实现各自利益而参与系统竞争，另一方面各参与主体通过与其他主体的共生合作而实现利益共享，在共生过程中产生基于共生关系而增加的共生能量，并达成各参与主体间的动态均衡，充分体现了共生关系的协同效应。①

---

① 朱云龙、陈瀚宁、申海：《生物启发计算——个体、群体、群落演化模型与方法》，清华大学出版社，2013 年版，第 37—39 页。

综上所述，共生理论可以成为东北亚地区“一带一路”合作共生系统构建的理论基石，为合作系统的演化创新提供理论支撑，具有高度的适用性。

三、东北亚地区“一带一路”合作共生系统构建

共生系统是由共生单元按某种共生模式构成的共生关系的集合。共生系统除具备一般系统的整体性、开放性、层次性、目的性、分解协作性、自组织性、稳定性和突变性等基本特征外，还具备多重性、共进化性、不可逆性和自主增容性的特征。与其他共生系统类似，东北亚地区“一带一路”合作共生系统主要包括三个构成要素，即共生单元、共生模式和共生环境，并由共生界面作为沟通媒介。①

（一）共生三要素

1. 共生单元

东北亚地区“一带一路”合作共生系统中的共生单元应包括东北亚地区的各合作参与国，即中国、俄罗斯、蒙古国、朝鲜、韩国和日本六国。按照与中国的地缘关系划分，蒙古国、俄罗斯和朝鲜与中国山水相连、陆路相通，联系紧密，油气、煤炭、矿产、森林等资源丰富，是中国重要的能源和资源供应地，多年来互相保持着良好的合作关系和合作意愿。其中，俄罗斯主要通过对远东地区的开发规划来加强同东北亚各国的合作。2009 年 9 月，中俄两国领导人共同批准《中国东北地区与俄罗斯远东及西伯利亚地区合作规划纲要（2009—2018）》，2009 年年底俄罗斯政府通过了《远东和贝加尔地区至 2025 年社会经济发展战略》并制定了相应的规划，随着近年来俄罗斯地缘政治局势的变动，“向东看”战略持续升温，参与东北亚地区区域政治经济合作的意愿愈加强

① 袁纯清：《共生理论——兼论小型经济》，经济科学出版社，1998 年版，第 7—82 页。

烈。蒙古国是东北亚地区的内陆国家，对参与合作国家的经济依赖性较强，80%的进入蒙古国的外资和几乎相同份额的对外贸易都是来自于这几个周边国家，依托草原丝绸之路和东北亚丝绸之路，蒙古国成为欧亚大陆桥上的重要板块。朝鲜一直与中国关系密切，并在近年来逐渐加大了对外开放的步伐，突出表现在与中国东北地区开展的边境经济合作，2012 年 2 月，朝鲜罗先市赋予中方 4、5、6 号码头 50 年的使用权，同年 8 月，中朝签署协议共同开发朝鲜罗先经济贸易区，2013 年，朝鲜制定了《经济开发区法》，新设 14 个经济特区，区域合作不断推进。韩国、日本与中国隔海相望，是中国重要的贸易伙伴，多年来一直保持着与中国的双边和多边贸易以及经济技术合作，也是中日韩自由贸易区的成员国，目前中日韩三国之间的 FTA 谈判正在不断推进，并取得实质性进展，三国合力建立经济共同体，将有力地推动东北亚区域经济发展。

2. 共生模式

按行为方式划分的东北亚地区“一带一路”合作共生模式，表明各共生单元在共生演化过程中利益分配的均衡性不尽相同。寄生模式意味着存在受益方和受损方，这种模式反映了在国际经贸合作中的不对等关系，如发达国家利用价格剪刀差实现对发展中国家的经济掠夺。偏利共生模式意味着部分共生单元会在合作中受益，而另一部分共生单元不受影响，按照理性经济人假设，在经济全球化和贸易自由化的背景下，合作国参与共生演化的目的都是为了获得最大收益，所以这种共生模式是不稳定的。由于互惠共生模式是一种“共赢”模式，因而是稳定的演化路径，在早期的共生合作中，常见的是非对称互惠共生模式，即各共生单元均可在演化中获益但获利并非均等，进化具有非同步性；而对称互惠共生模式是指各共生单元在共生演化中获得均等的利益分配，进化具有同步性，被认为是合作共生系统演化的最优模式。目前，东北亚“一带一路”合作共生系统处于非对称互惠共生模式阶段，因受各共生单元经济发展水平、经济制度、经济结构、市场开放性、合作参与程度以及边界障碍等经济和非经济因素影响，各参与国在利益分配中无法做到均等化分配，只有当共生合作发展到一定程度，市场经济趋于成熟达到一体化经济时，要素打破制度、边界等束缚自由流动，才可做到对称互惠共生。①

按组织程度划分的东北亚地区“一带一路”合作共生系统体现出系统演化的层次性和阶段性特征，即遵循从点共生—间歇共生—连续共生——体化共生的演化路径。点共生是指在某特定时刻，区域内的单个或多个共生单元对某个或某些特定共生单元在单方面的相互作用，具有单向性和随机性的特点。在东北亚地区“一带一路”合作共生系统中的点共生模式主要体现在双边国家或部门在某一时间某一领域的合作，如某一时期针对某项科学技术的引进与合作或民间组织的文化公益交流，边境通道的临时开通等，是组织程度较低的共生模式，在中国改革开放前的东北亚区域合作存在着这种点共生模式。间歇共生模式是共生单元之间在某一方面或少数方面发生的相互作用，没有形成连贯发展的共生关系，具有不稳定性和随机性，比较突出的便是已举办多年的东北亚投资与贸易博览会、中国哈尔滨国际经济贸易洽谈会以及在金融、投资、产业等相关项目上的短期合作等。改革开放后，中国采取一系列的沿海沿边开放政策，在珲春等边境口岸建立起边境经济技术合作区，但合作基本局限于贸易往来、出口加工等，更多领域、更深层次的合作尚未建立。连续共生模式是在一段时间内共生单元在多个方面保持稳定持续的共生关系，具有稳定性和必然性。在东北亚地区“一带一路”合作共生系统中连续共生模式突出地表现为图们江区域合作。尽管早期的开发合作收效不大，但随着各合作国对东北区域战略位置的愈加重视，图们江区域的合作开发逐渐形成制度化、机制化，合作范围、深度和广度

① 吴勇民、纪玉山、吕永刚：《金融产业与高新技术产业的共生演化研究——来自中国的经验证据》，《经济学家》，2014 年第 7 期，第 82—92 页。

也在不断扩大，构建起连续共生的合作体系。一体化共生模式指全部共生单元通过全方位全领域的合作而形成稳定、独立、持久的共生体。一体化共生模式是区域合作的高级形式。新时期的东北亚地区“一带一路”合作共生系统致力于政策沟通、道路联通、贸易畅通、货币流通、民心相通的“五通”建设，是一种全方位、功能齐全的合作开放格局，符合一体化共生模式的发展方向。[①]

3. 共生环境

共生环境是共生模式存在发展的外生条件，即合作共生系统通过与环境进行物质、能量和信息的交换实现共生演化。东北亚地区“一带一路”合作共生系统的共生环境应包括制度建设、通道建设、市场培育、金融支撑、合作氛围等因素。共生模式和共生环境的相互作用分为正向、反向和中性，二者的相互作用方向决定着共生系统的稳定性，同向作用一般会比非同向作用更具稳定性，即保持系统均衡状态的条件包括二者的双向激励和双向阻碍。[②] 双向激励会推动系统的优化与繁荣，而双向阻碍则会导致系统衰落和蜕变。为促使共生模式和共生环境的双向激励，保障东北亚地区“一带一路”合作的稳定持久运行，应针对构成共生环境的影响因素建立持续稳定的合作机制，保障合作的制度化和常态化。

（二）共生界面

共生界面是指共生单元之间的接触方式和机制的总和，或者说是共生单元之间物质、信息和能量传导的媒介、通道和载体，它是共生关系形成和发展的基础，对共生系统达到均衡具有重要影响。畅通的共生界面会保持系统的开放性，保证信息、物质和

---

① 袁纯清：《共生理论——兼论小型经济》，经济科学出版社，1998 年版，第 7—82 页。

② 朱云龙、陈瀚宁、申海：《生物启发计算——个体、群体、群落演化模型与方法》，清华大学出版社，2013 年版，第 37—39 页。

能量的流通和生成，推动系统的发展；反之，若共生界面的通畅受限，则会阻碍新能量的产生，弱化共生单元间的激励作用，通过恶性循环导致系统的衰亡。① 东北亚“一带一路”合作共生系统的共生界面主要包括实现物质流动覆盖海、陆、空的全方位、立体化的交通基础设施，如公路、铁路、机场、航道、港口等；实现信息流动的信息网络、邮电通信设施；实现资金流动的金融服务机构；实现政策流通的决策执行部门；实现技术流动的科研院所及企业研发机构等。这些基础设施及运行机构的运行顺畅，将会极大地提高市场配置效率，降低运行成本，加速要素流通，提高一体化共生水平。

四、东北亚地区“一带一路”合作共生机制与模式创新

（一）深化制度平台建设，创新东北亚区域国际合作机制

目前，东北亚国际合作机制的层级不高，尚未建立推动多边合作的制度化机制。应从国家层面推动建立政府间首脑、对应部门和地区间经常性协调机制，将推进“一带一路”合作建设工作制度化和长期化。着重提升东北亚各国协调机制层次，在目前副部长级会晤机制基础上，尽快启动副总理级别的定期会晤机制。同时，探索建立东北亚地方首脑会议联络处和图们江区域合作开发办事机构。争取联合国开发计划署的支持，积极倡议协调周边国家设立东北亚国际合作发展基金。充分发挥大图们倡议合作框架的功能和作用，为东北亚地区“一带一路”沿线国家和地区创造安全有序的合作环境和经济协调平台。加强区域国际合作平台建设。争取设立中国与图们江次区域国家经贸联络、协调和合作常设机构，提升与次区域国家经贸合作机制，全面深化图们江次

① 冷志明、张合平：《基于共生理论的区域经济合作机理研究》，《未来与发展》，2007 年第 6 期，第 15—18 页。

区域合作。继续高规格举办中国—东北亚投资贸易博览会。把东博会办成东北亚各国进行外交活动的舞台，开展经贸活动的重要平台，展现形象的重要窗口，不断提高展会水平，进一步推进吉林与图们江区域国家共建农业、机械加工、能源、资源、旅游和劳务等合作机制。探索举办“泛东北亚地区经济合作论坛”，打造官、商、产、学、研、媒六位一体的综合性论坛，吸引更多的专家、学者、国家知名企业家参会，进一步提升东博会的影响力。

（二）加强合作联动，建立国内“一带一路”沿线合作发展机制

统筹规划，研究制定推进腹地、前沿、窗口三地联动发展的合作机制，形成横向到边、纵向到底的合作框架；完善地方政府间定期联席会议机制，建立区域合作对接机制，在跨地区的发展规划、基础设施建设、生态环境保护、市场要素流动等重点领域加强协调，协同推进“一带一路”战略实施。目前，在长吉图先导区内陆腹地与沿边地区，产业关联度低，缺乏产业链接和物流的联动，尚未形成互动发展的机制。因此，应积极推动长吉一体化和延龙图一体化机制建设，通过区域一体化的制度创新，把前沿和腹地有机整合起来，促进内陆腹地与沿边地区联动发展。积极推进长吉图战略的同时，还应积极促进长吉图与东北其他区域的联动，以长吉图为中心实现与吉林西部生态经济区、辽宁沿海经济带、大沈阳经济区、哈大齐经济带、哈牡绥东对俄产业带、绥满经济带等区域的协同互动，实现基础设施对接和产业联动，统筹谋划更大的区域开发开放格局。推动与国内其他经济发展水平高的区域如京津冀城市群、长江经济带、珠三角城市群等的深度合作，发挥政府间交流平台的引导作用。

（三）升级图们江区域合作开发，创新合作共生模式

中国是“大图们倡议”的重要成员国之一，应积极推动图们

江区域合作开发的升级发展，扩大图们江区域的合作范围和合作领域，创新东北亚地区“一带一路”合作共生模式，促进合作共生模式向互惠共生及一体化共生方向发展。

在通道建设上，完善与各国的互通互联，在基础设施建设上加强国家地区的双边和多边合作。在海上丝绸之路的通道建设上，大胆探索陆海联运、借港出海、内贸外运、恢复图们江出海权等合作模式，力求在打通中国通向日本海、鄂霍茨克海乃至北冰洋航线上获得突破性进展。加强对罗津港、扎鲁比诺港的综合利用能力，加快推进对珲春铁路换装站及铁路口岸、珲春口岸、圈河口岸等基础设施的扩能改造，加快推进圈河、沙坨子新国境桥建设。谋划建设电子口岸，进一步加强通关过货能力，建设小型车专用查验通道，落实小车过境政策。在陆上丝绸之路的通道建设上，从国家层面推动中蒙阿尔山至乔巴山跨境铁路建设，将其纳入国家中长期铁路发展规则，加强与蒙方沟通，争取早日开工建设。建立签证互免、互认免检、司法合作等联合协调的口岸边检管理体系。加强边境地区与腹地的沟通联动，加快完善区域内综合交通运输体系，畅通区域对外通道和省际通道，加快以长春为核心枢纽的吉图珲铁路建设，推进干线扩能改造和连接辽宁、龙江两省的省际支线贯通工程。

在产业合作上，首先，要创新能源与资源合作模式，促进东北地区由依赖境内资源发展经济向利用境外资源发展经济转型。形成利用境外资源，在境外加工区进行采掘、炼化等初加工，在境内发展能源转化和深加工产业，促进产业链向下游延伸。其次，要以开放带动产业升级，打造现代化出口加工基地。国内区域可依托境外资源，通过跨境区域合作机制，在境外投资设厂，境内发展精深加工，建立能源矿产基地。依托境外加工区和境内工业园，大力发展面向国际市场的高新技术产业和战略性新兴产业，建立出口加工产业基地。再次，要依托通道优势，打造图们江地区国际物流基地。构建现代国际物流体系，配合能源矿产基地和出口加工基地建设，积极培育和引进大型专业化物流组织，快速壮大物流规模。加快物流基础设施建设，用足用活区域通关、固体废物进口、跨境邮递、内贸外运等优惠政策，建成东北亚重要的国际物流集散地。

在旅游合作上，应充分发挥边境地区与周边国家的地缘优势和资源互补优势，以旅游作为合作的突破口，加强交流合作，推进东北亚“一带一路”沿线的旅游资源开发和建设，加大宣传力度，拓展新线路，培育市场环境，创新旅游产品，把长白山生态游、草原文化游、东北风情游和跨境旅游结合起来，打造精品旅游品牌，促进旅游产业向集群化发展。依托通道建设和航线建设，打造东北亚地区旅游经济圈。尝试在边境地区辟建跨境旅游合作区，设计精品旅游项目，建立完善免税店、保税区等设施，积极推进入境免签、入区免检、购物免税制度实现，促进沿线地区的通关便利化。

在金融开放和合作上，继续扩大人民币跨境结算业务的试点范围，逐步放宽企业参与跨境结算的审核标准，提高参与跨境结算的企业规模。加紧出台人民币跨境结算管理制度，规范人民币跨境结算市场秩序。继续促进人民币合法跨境流动，扩大人民币跨境结算范围，将目前人民币结算从边境贸易扩展到一般贸易、投资等领域。积极在东北亚地区推动人民币资产的开发和使用，发展人民币离岸金融业务。从而更为有效地推进人民币区域化、国际化进程。

在自由贸易区建设上，按照国家“加快实施自由贸易区战略”的要求，依托珲春国际合作示范区，打造具有自由贸易园区特征的边境经济合作区。拓展“境内关外”模式，将珲春海关关口后移，实行“一线放开、二线管住”政策，全力推动珲春防川国际旅游区建设，打造海关特殊监管的边境贸易区区域。在这一基础上，探索在珲春市和俄罗斯哈桑区各划出一块区域，实施封闭或半封闭管理，构建次区域合作层次的中俄跨境经济合作区（自由贸易园区）。建议推动中俄珲春—哈桑跨境经济合作区项目纳入两国总理会晤框架；争取在珲春国际合作示范区布局的中朝、中俄经济合作区享受境外经济贸易合作区补助政策；待条件成熟时，将珲春出口加工区整合为综合保税区。

在其他领域交流合作上，以项目为依托，深化在农业、科技、环保、能源、信息以及文化方面的合作和交流。加强东北亚“一带一路”合作沿线地区在民间层面的沟通互访，包括民族文化、生态建设、学术研讨等人文交流合作，在政策沟通、道路联通、贸易畅通、货币流通的基础上实现民心相通。

吉林主动融入“一带一路”战略建设北向开放窗口

谭红梅　吴可亮*

当前“一带一路”已成为国家的重大发展战略，各地都在积极争取“一带一路”建设机遇。吉林省虽是内陆省份，但并非旁观者而是重要的参与者。事实上，吉林省与古丝绸之路有着悠久的历史渊源。古代丝绸之路还有一条重要的分支，即东北亚丝绸之路。东北亚丝绸之路历史悠久，早在汉魏时期，中国丝绸即通过该丝路进入东北亚地区。唐代时期，中原属国渤海国在今天的珲春市地域内设置首都上京龙泉府，当时的商队将货物从长安运至龙泉府，并进一步越过日本海到达日本国。此为东北亚丝绸之路的第一次繁荣期。及至明朝，明成祖为巩固东北领地，派女真宦官亦失哈九次前往巡视，由此带动沉寂了近百年的东北亚丝绸之路再次复苏、繁荣。① 清朝时期继续了这一丝路，并于1909年在珲春设立了海关。直到二战爆发，我国利用图们江下游出海航行的路径才被迫中断。这些史料有力地证明了，吉林省是丝绸之

---

* 谭红梅，吉林省社会科学院朝鲜韩国研究所副所长、副研究员，研究方向为朝鲜半岛政治经济；吴可亮，吉林省东北亚研究中心助理研究员，研究方向为朝鲜半岛问题与图们江区域合作开发问题研究。

① 邹德浩、温跃宽：《让东北亚丝绸之路成为通往世界各国的经济桥梁》，市场报网络版，http://www.marketdaily.com.cn/GB/96781/96784/6622832.html。

路的重要参与者，其对中蒙俄经济走廊的构成和发展将起到积极有效的支撑作用。

一、吉林省对外开发开放的现状

（一）通道建设

吉林省地处东北亚区域地理几何中心，与俄、朝两国接壤，13个国家级边境口岸可以辐射俄、朝、日、韩、蒙五国。图们江是我国进入日本海最近的水上通道，周边分布着俄、朝大小10个港口，与蒙古东部、俄罗斯远东西伯利亚腹地紧密相连。从蒙古国东部经吉林省到日本海的陆海联运通道，为吉林省加快融入“一带一路”基础设施互联互通网络、成为欧亚国际运输通道的重要节点提供了重要支撑。

1. 东向：东北亚出海通道

向东，吉林省“借港出海”战略取得积极进展。近年来，吉林省先后开通了珲春经俄罗斯扎鲁比诺、海参崴至韩国束草、釜山的陆海联运航线，开通了珲春经俄罗斯扎鲁比诺至日本秋田的散货航线，开通了珲春经俄扎鲁比诺至日本新泻的陆海联运航线，开通了长春至海参崴客运线路，由中方投资2000万元更新改造了俄罗斯扎鲁比诺港的相关设施，于2013年8月2日重新恢复了已停运9年的中俄珲春—马哈林诺铁路口岸，2014年5月吉林省与俄罗斯苏玛集团签订了扎鲁比诺港合作建设的框架协议，同月首次实现以铁路集装箱运输方式将110吨瓶装矿泉水由珲春铁路口岸经俄罗斯扎鲁比诺港通过海上航线运抵韩国束草。2012年10月，珲春圈河口岸至朝鲜罗津港二级公路改造项目完工投入使用，2013年1月，珲春圈河口岸经朝鲜罗津港至我国东南部沿海地区的内贸货物国际联运航线投入运营（主要货物为煤炭，后因煤炭价格大幅下跌而陷入停滞），珲春圈河至朝鲜元汀新跨境大桥于2015年4月进行了公开招标，即将开工建设。

2. 西向：新的亚欧大陆桥

“一带一路”战略规划中，东北地区建设向北开放的重要窗口，除了同俄罗斯远东地区的陆海联运合作外，还有一个重要的合作对象就是蒙古国。设想中的中蒙国际大通道，把珲春—长春—白城—内蒙古阿尔山—蒙古国乔巴山连接起来，成为亚欧运输的又一条国际联运通道。依托于此，蒙古国的矿产可以实现出海，日韩两国的货物也可以进入欧洲，这将极大地推动吉林省的对外合作。制约中蒙大通道联通的节点在于“两山”铁路尚未连通，目前吉林省与内蒙古兴安盟一同积极推进铁路的连通建设。2013 年 10 月蒙古国总理访华时与中方签署的《中蒙战略伙伴关系中长期发展纲要》中明确提出双方将加快推进阿尔山—松贝尔铁路口岸及跨境铁路通道建设。2014 年 1 月，吉林省代表团会同内蒙古兴安盟有关人员出访蒙古国，同蒙古国相关部门负责人就“两山”铁路建设有关问题进行了会谈，蒙方明确表态同意中方企业建设中蒙阿尔山至霍特铁路（原为乔巴山，后蒙方改为霍特），并在 4 月共同签署《关于建设阿尔山/松贝尔口岸至霍特铁路相关事项的会谈纪要》。2014 年 10 月，巴音朝鲁书记致函蒙古国财政部副部长普日布，希望双方在中蒙铁路建设与农业开发项目方面进一步加强合作。吉林省根据项目投资额度及风险等情况，向蒙方提出了公私合营的 BOT 合作模式，蒙古国财政部已表示将给与考虑。目前，吉林省组织有关机构及人员赴蒙古国实地考察，编制“两山”铁路预可研报告。

（二）经贸合作

1. 对俄：虽持续增长，但基础薄弱

俄罗斯是吉林省的重要贸易伙伴，是吉林省第二大出口市场。2007 年之前双边贸易额保持了较快速度的增长，后受国际金融危机和俄方打击“灰色清关”等因素影响，出现大幅下跌，2010 年止跌回升，至2012年达到最高点8.22亿美元，2013年、2014年受全球经济低迷及俄罗斯“乌克兰危机”影响贸易额再次下跌（见表1）。审视近几年吉俄双边贸易情况，可见目前的合作基础仍比较薄弱。俄罗斯对我国出口的主要为原木、煤、海产品等初级产品，我方出口俄方的商品为服装、纺织品、鞋类及箱包、汽车及其底盘等，多数商品为劳动密集型产品，具有可替代性，且易受俄方相关政策影响。加之俄罗斯远东地区属于俄罗斯发展较为落后的区域，与吉林省相邻的俄罗斯领土范围在远东地区的地位就如远东在俄罗斯联邦的地位，从而影响了吉林省与俄罗斯的贸易合作。但我们应该看到近十年中俄双边贸易除2009年下降幅度较大外，其余年份均保持了增长态势，目前已接近1000亿美元的规模，结合俄罗斯远东地区资源丰富的优势条件，吉林省发展与俄罗斯的经贸合作未来潜力巨大。

表1　吉林省对俄贸易统计（单位：亿美元）

年份	中俄贸易总额	吉俄贸易额	出口总额	吉对俄出口	进口总额	吉对俄进口
2005	291	1.79	132.1	0.36	158.9	1.42
2006	333.9	4.39	158.3	3.77	175.6	0.61
2007	481.65	8.01	284.88	7.23	196.77	0.78
2008	568.3	7.55	—	6.75	—	0.80
2009	388	4.74	175.2	3.82	212.8	0.91
2010	554.5	6.24	296.1	5.39	258.4	0.84
2011	792.4	7.05	389.1	6.39	403.4	0.65
2012	881.6	8.22	440.6	6.78	441	1.43

续表

年份	中俄 贸易总额	吉俄 贸易额	出口总额	吉对俄 出口	进口总额	吉对俄 进口
2013	892.1	7.00	495.9	6.07	396.2	0.93
2014	788.9	5.75	442.5	4.48	346.3	1.27

资料来源：系笔者根据互联网相关报道整理而成。中俄贸易总额、出口额、进口额均为2014年1月至10月统计数字，引自《中俄经贸合作简况（2014年1—10月）》，驻俄罗斯联邦经商参处，http：//ru.mofcom.gov.cn/article/zxhz/tjsj/201412/20141200822830.shtml。

2. 对蒙：绝对值较小，波动幅度大

近年来，吉林省与蒙古国的贸易关系不断发展，但贸易规模仍比较小，年贸易额超千万美元的仅是少数几年（见表2）。2015年第一季度，受蒙古国2014年松子产量丰收，吉林省松子加工企业进口大增影响，进出口额为1150万美元，同比增长341倍。吉林省对蒙出口商品主要有水泥、化工产品、机械器具及药品等，进口坚果、塑料制品等商品。截至2014年年底，吉林省累计在蒙古国设立境外投资企业17家，协议投资额为3001万美元，主要投向矿产资源开发、汽车及零部件销售、钢结构和机电产品销售、工程承包等。①

表2　吉林省对蒙贸易统计（单位：万美元）

年份	中蒙 贸易总额	吉蒙 贸易额	出口总额	吉对蒙 出口	进口总额	吉对蒙 进口
2005	81640	118	30320	68	51320	50
2006	141440	1125	36500	144	104940	981

① 吉林省商务厅。

续表

年份	中蒙贸易总额	吉蒙贸易额	出口总额	吉对蒙出口	进口总额	吉对蒙进口
2007	206200	473	56890	113	141140	360
2008	243800	611	89870	374	163590	237
2009	191400	120	52500	62	138900	58
2010	398400	247	145000	125	253400	122
2011	633000	698	196000	353	437000	345
2012	659500	1013	265300	401	394200	612
2013	595600	547	245000	308	350600	239
2014	721800	546	218900	300	502900	246

资料来源：系笔者根据互联网相关报道整理而成。

（三）腹地支撑

1. 平台建设

吉林省拥有众多对外开放特殊区域，这些区域为吉林省参与“一带一路”建设提供了有力的平台支撑。中国吉林·东北亚投资贸易博览会（现改称“中国—东北亚博览会”），已成功举办九届，对促进东北亚区域合作、加速东北老工业基地振兴、扩大吉林省对外开放起到积极的推动作用。中国图们江区域（珲春）国际合作示范区于2012年4月经国务院批复设立，包括国际产业合作区、边境贸易合作区、中朝以及中俄珲春经济合作区四大板块，先后引入韩国浦项、韩国现代、香港豪德等国内外500强企业落户，示范区的设立有助于提升中国沿边开发开放水平，促进中国与周边国家，特别是与朝鲜、俄罗斯的经贸合作，实现优势互补和互利共赢。延吉（长白）重点开发开放试验区建设上升为国家沿边开放战略重点之一，这对东北沿边地区加快开放发展具有重大意义。

长春兴隆综合保税区结合长春陆路干港、龙嘉国际机场口岸功能，依托东北亚中、日、韩、俄联运通道，打造辐射东北亚乃至全球的现代化物流网络。作为吉林省融入国家“一带一路”战略重要举措的长吉产业创新发展示范区于2015年2月设立，将加强对外经贸合作，依托长春兴隆综合保税区建设内陆港，构建“港口后移、海陆联运、无缝对接”的吉林省对外物流新通道，重点打造现代产业体系。上述对外开放特殊区域，将对吉林省融入国家“一带一路”战略及参与东北亚区域合作发挥更加积极的作用。

2. 产业发展

吉林省加工制造业比较发达，汽车、石化、农产品深加工三大支柱产业在全国地位举足轻重，医药健康、装备制造、建筑、旅游等优势产业发展水平不断提升，是我国重要的工业基地。在对外开放的带动下，近年来吉林省在产业发展方面的步伐不断加快：汽车产业方面，中日合资一汽丰田长春丰越公司年产10万辆RAV4车型和年产10.8万台6ZR发动机技改、中德合资一汽大众年产45万台EA211发动机等重点项目稳步推进；农业发展方面，一直致力于打造民族品牌、发展出口外向型经济的皓月集团200万头肉牛养殖及深加工等重点农产品加工项目开始实施。[①] 这与俄、蒙等国形成明显的优势互补，为吉林省主动融入“一带一路”战略奠定良好的基础。

二、吉林省与“一带一路”战略的对接

（一）国家层面——中蒙俄经济走廊

2014年9月，习近平主席在出席中俄蒙三国元首会晤时说，中方提出共建丝绸之路经济带倡议，可以将丝绸之路经济带同俄

① 王旭：《奔向丝路看花雨》，http：//news.163.com/15/0415/09/AN80960U00014 SEH.html。

罗斯跨欧亚大铁路、蒙古国草原之路倡议进行对接，打造中蒙俄经济走廊。[①] 这一倡议得到了俄方和蒙方的积极响应。

1. 动力：经济互补性强

中方的倡议之所以能得到俄方和蒙方的响应，其动力源泉在于三国之间具有较强的经济互补性。近两年，受国际油价急剧下跌影响，俄罗斯传统的能源经济模式难以为继，深入推进远东地区开发、拓展经济发展空间的迫切性日益显现，对中国参与其远东开发的态度由怀疑转向欢迎。蒙古国的经济发展主要靠矿产出口，而矿产出口的绝大多数是销往中国，中国对于蒙古的重要性不言而喻。中国现在已是排名世界第二的经济大国，工业门类齐全，基础设施良好。由于经济发展阶段的不同，相对于美欧市场而言，其经济增长需要更多的原料和能源，这意味着能够给俄蒙两国创造更大的出口市场。对于中国而言，加强与俄蒙两国的合作，不仅意味着稳定的原料与能源的供给，还意味着广阔的市场。

2. 制约：基础设施滞后

现阶段，制约中国与俄蒙两国合作的最大因素就是基础设施严重滞后。无论是俄罗斯还是蒙古，在基础设施建设问题上都是历史欠账严重，俄罗斯远东地区仅有西伯利亚大铁路一条交通大动脉，蒙古国也是仅靠乌兰巴托铁路对外联系，严重滞后的基础设施极大地增加了两国矿产品及能源的生产成本，导致其国际竞争力大幅下降，从而影响其产品出口，进而影响国家经济发展态势。从互联互通入手、打造经济走廊是中方推进“一带一路”建设的基本主张。因此，建设中蒙俄经济走廊，首要的任务就是推进基础设施建设。

3. 定位：贯穿欧亚大陆

外交部长王毅在外交部网站的声明中表示，建设中蒙俄经济

---

① 《习近平：打造中蒙俄经济走廊》，新华网，http：//news. xinhuanet. com/world/2014 - 09/12/c_1112448804. htm。

走廊就是把中方倡议的“一带一路”同蒙方的“草原之路”倡议、俄方正在推进的跨欧亚大通道建设有机结合起来，三国将建立横跨欧亚大陆的“合作新走廊”，从而为三国的发展提供新的平台。[①]在这一过程中，东北地区的角色则是，利用联通俄蒙的区位优势，推进构建北京—莫斯科欧亚高速运输走廊，建设向北开放的重要窗口。[②]

（二）地区层面——相关省区发展设想

1. 黑龙江

为更好地参与国家“一带一路”建设，黑龙江省提出建设“黑龙江陆海丝绸之路经济带”的设想，即充分发挥黑龙江省与俄罗斯远东地区毗邻的地缘优势，以绥满等铁路干线为依托，建设联接亚欧的国际运输大通道，发展境内外对俄产业园区，打造跨境产业链，构建发达的外向型产业体系，形成大开放、大贸易的新格局。黑龙江陆海丝绸之路经济带对外辐射东北亚国家和地区及欧洲，重点是俄罗斯及欧盟；对内辐射我国东北、华北、华东、华南地区，重点是环渤海、长三角、珠三角。[③]

2. 辽宁

辽宁省对“一带一路”建设的参与，主要以通道建设为载体，建设面向蒙俄、东北亚及欧洲、联接南北的现代物流基地。辽宁省以大连、营口、锦州和丹东港为重要节点，规划设计了以大连港、营口港为起点，经沈阳、长春、满洲里及莫斯科与汉堡的“辽满欧”“辽蒙欧”海铁联运通道，具体分东、西两条线路，西

---

① 《［投资］中国提议：建设中蒙俄经济走廊。穿过蒙古境内是亚洲通往欧洲的最短运输路线》，http：//mt. sohu. com/20150402/n410732809. shtml。

② 《共建“一带一路”愿景与行动文件发布（全文）》，新华社，http：//gb. cri. cn/42071/2015/03/28/6351s4916394. htm。

③ 《“黑龙江陆海丝绸之路经济带建设规划”摘要发布》，http：//news. 163. com/15/0414/22/AN6PK90L00014AEE. html。

线规划建设锦州港沿锦赤、赤大白、巴新、巴珠线等铁路，经内蒙古珠恩嘎达布其口岸至蒙古国乔巴山，东线谋划推进丹东港沿沈丹、京哈、平齐、白阿线等铁路，经内蒙古阿尔山口岸至蒙古国乔巴山，并将两条通道经俄罗斯博尔贾通达欧洲。并以海铁联运通道为基础，加强物流基地建设，建设面向蒙俄、东北亚及欧洲、联接南北的现代物流基地。①

（三）互联对接

东北三省一区，黑龙江省与俄罗斯的地缘、经贸、人文关系密切，在通过中蒙俄经济走廊融入“一带一路”建设方面具备优势；辽宁省沿海经济带拥有良好的港口群和海洋运输条件，在打造“一带一路”海上战略支点方面具备优势；内蒙古自治区坐拥二连浩特、满洲里口岸（分别为我国对蒙与对俄最大口岸），且与蒙古国语言相通、习俗相近，发展对蒙、对俄合作区位优势明显。“一带一路”是我国在新时期提出的国际合作大战略，合作领域广泛，合作对象众多，这为各省（区、市）共同参与其中提供了广阔的舞台，各省区之间并不存在非此即彼、零和博弈的激烈竞争。这种开放包容性意味着吉林省与黑龙江、辽宁、内蒙古两省一区虽然存在一定的竞争，但更多的是通过协同开放、联动发展、合作共赢来共同参与“一带一路”建设。

为积极融入“一带一路”战略，共同加强中蒙俄经济走廊建设，2015 年 4 月 29 日，吉林、辽宁、黑龙江三省外经贸和商务部门签署了东北三省参与“一带一路”互动合作机制备忘录。② 通过三省互助合作，黑吉两省的企业可借助“辽满欧”和“辽海欧”

① 刘东庚：《“一带一路”辽宁战略全梳理》，《沈阳日报》，2015 年 7 月 1 日，http://epaper.syd.com.cn/syrb/html/2015-07/01/content_1078372.htm。

② 此次签署的东北三省合作机制还包括：建立商务（外经贸）信息网络平台和开放对外经贸合作平台；建立三省商务（外经贸）厅厅长会商制度；构建紧密的工作联系机制；相互支持举办重大招商引资和经贸活动等。

通道，以辽宁的大连港、营口港、丹东港、锦州港为出海口，开展对日韩和东南亚地区的经贸活动；辽宁也可借助黑龙江省对俄合作平台，为辽宁省企业同俄方企业合作提供支持。由此，东北三省可以通过互通有无、优势互补来协力打造中蒙俄经济走廊，促进三省共同发展。①

签署备忘录后，东北三省迅速采取行动建立联动机制，联合打造升级版中蒙俄经济走廊战略初现轮廓。近期已经着手进行和将要进行的合作内容有如下几方面：第一，三省通过区域合作联合争取国家政策、境外承包项目、合作资金支持；第二，加强三省运输体系对接，加强通道建设，通过发展跨境物流带动三省贸易和投资共同发展；第三，鼓励、支持本省企业到其他两省投资，进而可联合向俄、蒙等国投资，借助其他省区在境外设立的园区开展经济合作；第四，三省间的外经贸信息网络平台和外经贸合作平台也将实现共享，进而推动三省对蒙、对俄商务信息网络有效链接；第五，在举办重大招商引资和经贸活动时三省之间相互支持；第六，三省间还将建立紧密的工作联系机制。②

三、吉林省融入“一带一路”战略的思路

（一）畅通国际大通道

吉林省参与“一带一路”建设，要以畅通中蒙国际大通道为重点，完善省内综合运输体系，加强与东北其他省区交通网络衔接，向东借助俄、朝港口开辟陆海联运国际物流通道，向西推动“两山”铁路建设，建设“长（春）—白（城）—乌（兰浩特）—阿（尔山）—乔（巴山）—赤（塔）—欧”新的欧亚大

① 《东北三省开启合作机制 共同参与“一带一路”建设》，《辽宁日报》，2015 年 4 月 30 日，http://news.xinhuanet.com/local/2015-04/30/c_127751860.htm。

② 孙大卫：《东北三省抱团打造升级版中蒙俄经济走廊》，《辽宁日报》，2015 年 5 月 12 日，http://www.fs024.com/news/newsshow-35480.html。

陆桥，打造中蒙俄经济走廊重要支撑。

1. 加快出海口建设

在参与“一带一路”建设的过程中，吉林省要想有所作为，一是必须向东打通出海口，二是向西联通蒙古与俄罗斯。对此，吉林省应推动俄方加快实施扎鲁比诺万能海港项目，推进中国珲春—俄罗斯扎鲁比诺铁路通道建设，实施中俄珲春—马哈林诺铁路口岸基础设施建设项目，研究推动珲春—海参崴跨境铁路和公路项目，开通吉俄欧跨境运输班列和珲春—扎鲁比诺港—釜山陆海联运航线；加快推进图们至朝鲜罗津铁路维修改造工作，积极谋划珲春甩弯子至朝鲜训戎里铁路口岸建设，加快推进圈河口岸跨境桥建设，做好图们公路口岸跨境桥新建工作，实施朝鲜罗津与清津港改造项目，研究实施珲春圈河至朝鲜罗津港高速公路项目。

2. 推进“两山”铁路建设

加快推进中蒙“两山”铁路建设，与蒙古国开展多层次交流，选择具有实力的企业作为投资主体，做好项目的前期准备工作。铁路建成连通后，将形成第二条联通欧亚大陆的铁路大通道，即始于俄罗斯扎鲁比诺港，由克拉斯基诺铁路口岸进入中国，经过珲春—长春—白城—阿尔山的铁路向西进入蒙古国，再途经“两山”铁路抵达乔巴山，借助现有的蒙俄铁路连通俄罗斯。届时，这条新的国际陆海联运铁路将成为亚欧运输通道的重要物流节点。

3. 发挥口岸作用

当前，口岸的作用不再是单一的促进经贸往来，在推动科技合作、文化交流、跨境旅游等方面也发挥着积极的作用。依托口岸，资源不再仅仅局限于一国国内，能够实现互通有无，从而推动全球资源的优化配置。吉林省与俄、朝两国间设有 13 个国家级口岸，鉴于俄朝两国对应口岸基础设施落后，口岸的联通作用尚无法得到有效发挥，应加强与俄、朝对应口岸的衔接与配合，改善口岸基础设施条件，进一步增强通关过货能力，提高口岸经济效益。在改造外方口岸的同时，我们还应提升自身的管理服务水平，进一步理顺口岸管理体制，构建完善的“大通关”协调机制，实行客货便利运输一体化通关模式。加快电子口岸建设，推动口岸信息互联，进一步优化通关环境，提高通关效率。

（二）积极打造支撑区

参与“一带一路”建设，离不开支撑区的配合。长吉图开发开放先导区就是吉林省积极打造的支撑区。这其中，通道建设是基础，各类开放平台是载体，产业发展是支撑。首先，加强平台建设。为更好地融入“一带一路”建设，吉林省将加快建设长吉产业创新发展示范区，申请设立吉林自贸试验园区，建设长春、延吉空港经济开发区，谋划设立中俄珲春—扎鲁比诺跨境经济合作区。其次，加快产业创新发展。吉林省要推动与“一带一路”沿线国家经贸合作再上新台阶，必须实施创新驱动发展战略，加快产业结构调整，推动产业向高端化、特色化发展。一是推动汽车、石化、农产品加工三大支柱产业发展，再造传统产业领先新优势；二是围绕医药健康、装备制造、建筑、旅游四个优势产业，打造竞争新优势；三是培育新能源汽车、新能源、新材料、电子信息、节能环保等新兴产业和人参、矿泉水等特色资源产业，增强接续发展能力。积极承接沿海发达地区产业转移，重点承接技术成熟、附加值高、产业链长的加工制造产业和劳动密集型产业，建设加工贸易产业集群。

（三）助推“走出去”

加快“走出去”进行产业投资，是“一带一路”建设大有可为的重点领域，也是吉林省参与“一带一路”建设潜力巨大的重点领域。从吉林省对外投资现状和“一带一路”沿线各国的要素禀赋和投资需求来看，矿产资源、农业、制造业和工程承包应是吉林省企业“走出去”、参与“一带一路”建设的主要领域。矿业开发方面，应鼓励我方企业与东道国背景深、实力强的企业共同组成合资或合作企业，减少可能遇到的政治风险，注意矿业投资与基础设施建设、环境治理相结合，推动投资企业积极参与当地社会公益事业；农业合作方面，引导大型涉农企业赴俄合资合作发展粮食种植、果树栽培和特色养殖，发展与蒙古在粮食种植、畜产品改良、畜牧养殖及加工等方面的合作，支持农业科研机构参与东道国的农业合作项目，从而带动我方技术和劳务输出；制造业领域，支持有实力的制造业企业在汽车、石化、煤化工、建材、冶金等领域赴境外设立生产研发基地，支持森工集团走出去建立境外木材加工园区。鉴于吉林省企业走出去参与国外经贸合作尚处于起步阶段，这一阶段要发挥好政府的作用，完善相关政策，建立综合性对外投资服务平台，强化对外投资风险防控，构建有利于企业走出去的长效机制。

日韩参与“一带一路”战略构想进展、原因及趋势探析

杜　颖*

“一带一路”是指“丝绸之路经济带”和“21 世纪海上丝绸之路”的简称，是2013 年9 月、10 月，习近平主席出访中亚、东南亚时提出的战略构想，是国家新时期的战略性决策。“一带一路”战略构想涵盖全国，辐射亚非欧。它的建设过程不仅涉及众多国家和地区，也涉及众多产业和巨量的要素调动。“一带一路”战略构想体现了和平、交流、理解、包容、合作、共赢的精神。它不仅对推进我国新一轮对外开放和沿线国家共同发展意义重大，也契合沿线国家的共同需求，为新形势下沿线国家优势互补、开放发展开启了新的机遇之窗。该构想提出一年多来，受到世界各国的热议。尤其是作为近邻的日本和韩国的一系列反应十分引人注目。本文拟通过对该构想提出以来日韩参与现状及影响因素的分析，呈现日韩参与“一带一路”战略构想的实态，并提出对策建议。

---

* 杜颖，黑龙江省社会科学院东北亚研究所日本研究室主任、副研究员，从事日本问题及东北亚区域合作问题研究。

本研究为2013 年度黑龙江省哲学社会科学研究基地重点项目《“东丝路带”建设视角下我省深化对日经贸合作研究》的阶段性成果，项目编号：13H020。

一、日韩参与“一带一路”战略构想的进展情况

韩国是对“一带一路”战略构想较早表示出兴趣的国家之一。2013年9月，习近平主席提出该构想以来，韩国学界和企业界便满怀期待，积极评价。有学者认为，中国“一带一路”建设将为中韩经济合作带来更多机遇。中国“21世纪海上丝绸之路”的建设将为韩国扩大国际贸易和国际航运提供可利用的条件。也有学者用“两国乃至亚欧大陆经济合作的新契机”来评价“一带一路”战略构想，即将习主席的“一带一路”战略构想和朴槿惠总统提出的“欧亚倡议”构想对接起来，以此探索两国在经贸、物流、能源、服务、医疗等方面的升级合作。东北亚历史财团秘书长、原韩国驻华大使馆首席（政务）公使石东演评价说，“‘一带一路’是追求双赢的卓越战略设想，这种远大战略甚至在推进世界史方面都具有重要意义。”① 相对于民间参与“一带一路”的积极姿态，韩国政府的意愿表达略显滞后。2014年7月，当中国邀请韩国加入时，韩国政府还犹疑不决。但随着形势的发展，韩国政府的态度很快发生了转变。2015年2月25日，韩国政府同中国完成中韩自贸协定（FTA）全部文本的草签及其对协定内容的确认，使中韩两国关系进一步密切。加上中国政府提出的“一带一路”战略构想日益明确化。特别是2015年3月，法国、德国、意大利纷纷继英国之后加入亚洲基础设施投资银行（亚投行），促进了韩国的加入进程。3月26日，韩国企划财政部发布公报，公布加入亚投行决定。随后，中韩两国围绕着相关问题开展一系列交流。5月21日，韩国大企业聚集成都，参与“2015世界知识论坛·中韩企业家高峰论坛”，以“同一个亚洲·同一个梦想”为主题，与中国企业共议“一带一路”下的中国西部的机遇。同日，在哈尔滨举办韩国—黑龙江省农业合作交流会，就落实FTA签署的有关内

① 环球网—环球时报。

容，两地合作优势及潜力等与各界进行交流。

从日本方面看，该构想提出以来，特别是进入全面推进阶段以后，日本媒体、经济机构和专家学者也给予较多关注。日本驻沈阳总领馆和国内企业界人士早在2015年3月就来黑龙江省考察，对东部陆海丝绸之路建设充满兴趣。日本知名学者、佳能全球战略研究所研究主任濑口清之曾表示，中国建设“一带一路”的思路，与全新设立的亚投行一脉相承。日本三井住友资产管理公司在日前发布的一份研究报告中写道，中国设立亚投行，实际上是为推动“一带一路”而准备的配套设施，可以为“一带一路”沿线周边国家和地区提供基础设施建设资金支持，都对“一带一路”战略构想给予积极评价。[①] 日本自民党石原派会长石原伸晃认为，日本必须在外交上灵活应对，也应该在亚投行成立时加入，“必须看到中国是邻国，也是全球第二经济大国这一事实”。[②] 但安倍政府对是否参与“一带一路”战略构想没有回应。2015年4月22日，中国国家主席习近平在雅加达应约会见日本首相安倍晋三，特别谈到中国建设“一带一路”和筹建亚投行的倡议、获得国际社会普遍欢迎的现状，以及希望日本同中国一道沿着和平发展的道路走下去，共同为国际和地区和平、稳定、繁荣做出更大贡献等内容，安倍晋三首相未置可否。不仅如此，5月21日，在中国亚投行会议于新加坡举行筹备会议之即，安倍首相宣布投资1100亿美元用于亚洲基础设施建设的计划。这一举动尽管是为了支持亚洲开发银行（亚开行）发展，但不无与中国的亚投行对抗的意味。

二、影响日韩参与“一带一路”战略构想的主要因素

从日韩两国参与“一带一路”战略构想的情况可以看出，与

---

① 新华网—日本频道。

② 石原关于中国主导的亚洲基础设施投资银行的讲话，日本共同社，2015年3月26日。

英、法、德等欧洲国家及沿线主要国家相比，日韩两国都经历了最初的犹疑不决，但韩国通过加入亚投行搭上了“一带一路”这一“东方快车”，而日本方面除了学界和经济界表达意愿外无实际行动。分析其深层原因，日韩两国的参与状况与其战略考量、现实需求及民族心理等不无关联。

其一，战略考量。从国际关系视角看，处理国家关系的原则是国家利益至上。现有的国际秩序决定了周边国家对中国“走出去”的“一带一路”战略会有三种反应，即既得利益者反对，发展中国家因需要资本持支持态度，而一些中间力量则持怀疑态度。应该说，这是国际关系的常态。日本与美国是原有国际秩序的既得利益者，中国经济的崛起和扩张后的“走出去”，必然会提升中国在东南亚甚至亚洲地区的地缘政治影响力，美国和日本一定会感觉到挑战。一方面，日本作为全球经济大国之一，希望通过强化日美关系，保持自己在亚洲地区的重要地位。而近一时期日本在历史问题上的偏颇，不仅遭到亚洲人民的批评，也引起美国社会的不满。美国表明在这一问题上有其底线，不想被日本牵着鼻子走。而日本在参与构想中不明确表态或拖延参与时间，一个主要目的是引起美国对日本战略的重视。另一方面，日本的消极做法有其确保自己在亚开行主导地位的考量。中国实施的“一带一路”倡议，在日本一些人看来是在拉拢沿线国家，形成以中国为主导的经济体系，而亚投行是与亚开行对立的存在。不参与亚投行既是其确保自己在亚开行中的主导地位，也是确保亚开行在世界的影响力的考量。基于这一战略考量，日本采取不捧场的态度。从韩国方面看，美国是其亲密的政治经济盟友，在加入亚投行事宜上不能不考虑美国的意见。从某种程度上讲，是否加入亚投行的问题，已上升为如何在最重要的安全盟友美国和最大的经贸伙伴中国之间寻求微妙平衡的问题。因此，虽然韩国较早表示出对“一带一路”的兴趣，但迟至 3 月 26 日才做出决定。其中不无“加入亚投行是大势所趋，与其最后被动加入，不如一开始就成为创始成员国发挥更大作用等确保韩国国家利益”的战略考量。此外，在日美主导的亚洲开发银行里，韩国的发言权很小，而成为亚投行的创始成员国将确保韩国利益。当然，随着英法德等欧洲国家大举加入，韩国的外交负担变小，这也在一定程度上促成了韩国的选择。总之，确保韩国利益是加入“一带一路”构想的关键。

其二，现实需要。近年来，受国际金融危机快速蔓延和世界经济增长明显减速的影响，日韩两国经济下行压力增大。从日本方面看，改变内需不足，扩大出口，提振经济成为安倍上台以来的重要课题。由于“安倍经济学”短期效应的结束，刺激经济复苏的动力不再，日本国内经济面临进一步恶化的趋势。数据显示，2014 年日本经济第三季度陷入技术性衰退，第四季度增长率也不如人意，日本经济复苏不容乐观。[①] 与此同时，日本国内企业希望搭上中国经济发展快车、加强与中国的经济合作的呼声强烈。2014 年 11 月，中日之间实现了领导人会面，而日本经济界也感受到中日之间逐步缓和的政治关系和中国政府对日采取的政经分离政策，很多了解中国的日本企业开始积极对中国投资。尽管由于劳动力成本上升等，一些企业开始转向东南亚的泰国、新加坡和菲律宾，但总体看，中国市场仍然是许多在华日本企业持续看好的投资目的地。从韩国方面看，近年来经济发展出现一些问题，特别是在这次国际金融危机当中不少产业受到了相当大的冲击。朴槿惠上台后，韩国政府在内政、外交、经济以及社会发展等各领域取得了一定的成就，但无法摆脱国内经济萎靡不振的困境。2014 年年末，韩国政府将 2015 年的经济增长预期从之前的 4.0% 降低至 3.8%。2015 年第一季度 GDP 环比增长仅为 0.8%，增速连续四个季度低于 1%，市场普遍担忧韩国经济是否会陷入日本式的长期疲软。以财阀类大企业为中心，利用出口盈利的增长模式已经受限。

---

① 《日本经济蓝皮书》，社会科学文献出版社，2015 年版。

为此，韩国政府呼吁扩大内需，将继续其扩张性政策以刺激国内消费。解决停滞不前的经济发展是韩国的当务之急。在此背景下，“一带一路”无疑成为韩国经济恢复和发展的动力。目前韩国的外贸依存度已超过100%，因此，韩国企业界有希望借助“一带一路”战略来促进经贸合作发展的强烈诉求。

其三，民族心理。日韩两国对中国“一带一路”参与与否也与两国复杂的民族心理密切相关。近代以来，日本国家形成了复杂的民族心理。在长期的对外交往中，民族优越感和自卑感始终并行存在。而韩国自20世纪60年代起，推行出口导向型战略，在短时间内实现了经济的腾飞。然而两国在步入21世纪以后，都遇到经济发展的困境。对比中国的经济飞速发展的现状，日韩两国不可避免地会产生心理上的失衡。不同的是，由于历史的原因和自身发展的经历，韩国对中国的认同感较强，因此合作关系良好。但这些与韩国出于平衡美国和中国关系的考虑采取克制的做法也是并行的。而日本方面的情况比较复杂，由于战后问题处理的后遗症，日本人的战争罪行没有得到有效清算，又因为历史教育的缺失，日本整个社会缺乏对战争责任的反省。相反，在长期单一民族国家概念下，日本民族优越意识和排他意识根深蒂固。安倍晋三抛出的对抗亚投行的做法，在一定程度上也是其民族心理的真实反映。

三、日韩参与“一带一路”战略构想的未来趋势

（一）韩国将在加入亚投行的基础上向实际性参与“一带一路”建设迈进

从韩国各方的近期活动看出，各方正在向实际性参与“一带一路”建设迈进。2015年4月12日至5月1日，韩国《中央日报》和韩国贸易协会组成四人特别采访组，沿着丝绸之路经济带路线，探访了中国的连云港、郑州、兰州、乌鲁木齐、霍尔果斯，

哈萨克斯坦的阿拉木图，吉尔吉斯斯坦的比什凯克，乌兹别克斯坦的塔什干，共计四个国家八个城市。在加入亚投行后，首次专门就中国“一带一路”建设展开调研采访。采访结束后，《中央日报》推出了七篇系列文章，集中报道了“一带一路”建设对韩国的积极影响。作为中国近邻的韩国，从政府到企业，对“一带一路”建设的关注逐步增加。在韩国贸易协会首席研究委员李凤杰看来，近期，韩国社会对“一带一路”建设的关注前所未有。① 各种迹象也表明，韩国国内对于“一带一路”建设将为改善韩国物流环境提供契机的认识增强。如，在韩国与欧洲在海运和铁路物流网络方面，认为海运价格低廉，但耗时较长，虽然利用西伯利亚铁路能解决海运的问题，但连接韩国与欧洲间最短的物流网是中国的新亚欧大陆桥。现在要好好考虑如何将韩国政府推进的“欧亚计划”和中国“一带一路”连接在一起成为许多学者的共识。总之，韩国对在“一带一路”建设中，中国提出的与周边国家构建“命运共同体”高度认同，热切希望与中国开展有关亚洲发展中国家基础设施建设的合作。

（二）日本将持续关注“一带一路”建设进展，但参与进来尚需时日

从以上分析和实际发展情况看，日本各界对参与“一带一路”建设的有关情况持续保持关注，并将致力于推动企业参与的一系列努力。但是，由于中日政治关系日趋复杂化，特别是在世界反法西斯战争胜利70周年纪念日即将来临之际，日本一方面希望有所作为，另一方面还有复杂的民族心理，这些势必会折射到其对华外交中来。譬如，日本政府参与与否的表态都与安倍在历史问题上将做出什么样的表态密切相关。出于国家宏观战略考虑和政治家的形象考虑，安倍都不会在发表“八一五”讲话前做出参与

① 人民网—人民日报，2015年6月4日。

与否的选择，其中不无为自己的对华外交进退留有回旋余地的考虑。同时，美国因素仍然是日本必须予以顾及的方面。因此，从政府层面看，日本短时期内不会像韩国那样做出积极表态，相反，还可能持对抗姿态。但从长远发展看，对中国市场的需求将促使日本参与中国的“一带一路”建设。不容否认，世界一体化是未来的发展趋势，作为主要经济体的日本不可能完全不参加任何其他国家的活动。因此，随着“一带一路”越来越重要，日本的加入是大势所趋。

四、促进日韩参与“一带一路”建设的对策建议

（一）积极宣传“一带一路”战略构想的相乘效应，促进“利益共有”概念的形成

针对日韩两国对参与“一带一路”战略构想的顾虑，要积极宣传引导。正如法国前总理德维尔潘所言，“一带一路”不只是一个外交倡议，还是一个有深刻变革意义的国际政策。“‘一带一路’是以一种非常积极的方式面向未来，是一个建设性的、开放的未来版图，将给世界的重要地区带来更多的安全、稳定和发展。”中国是日韩两国经济发展不可或缺的存在。中国是日本的第二大出口贸易伙伴，是韩国的最大贸易伙伴、最大出口市场、最大进口来源国与最大海外投资对象国。中国与日韩的经贸合作以互补性合作为基础。日韩两国参与“一带一路”战略构想与其同中国的经贸合作有着根本的一致性，日韩的参与将使其获得通常经贸合作无法分享到的利好。因此，为了推进日韩参与“一带一路”，要积极宣传参与“一带一路”构想的相乘效应，与日韩两国形成“利益共有”的概念，促使日韩两国将本国利益具体化，将政策和利益融合进中国的这个提议中，成为“一带一路”的支持者、建设者和受益者。

（二）与日韩两国建立互访机制，互设“经贸代表处”“驻在事务所”等

一是政府相关部门与日韩两国政府形成拜会机制，定期访问交流。为配合国家“一带一路”倡议的实施，各级政府要借鉴发达地区的成功经验，重视与日韩各级政府建立拜会机制，定期互访交流，认真研判对日韩经贸合作的新情况、新变化。如通过省领导亲自赴日韩举行观光说明会等宣传推介各地产业和资源优势，结交人脉，促进相关经贸合作。二是互设“经贸代表处”“驻在事务所”等常设机构。随着“一带一路”建设推进，边境及内陆省份同日韩的交流将日益增多，有必要的地市可在日韩设立对口的经贸代表处。如山东和浙江在韩国设立的代表处方便了这些地方与韩国企业间的交流。另外，值得借鉴的是日中经济协会、日中东北开发协会、北海道银行等一些日本颇有影响的社团、经济机构在沈阳设有事务所的成功经验。应该说，正是得益于这些团体机构驻沈阳事务所的牵线搭桥，辽宁省的对日交流取得丰硕成果。三是积极承办有日、韩、俄等国代表参加的各种东北亚经济合作会议。如黑龙江省地处对俄合作前沿，特别是在边境城市举办对俄边境合作会议具有便利条件，在边境地区承办这些会议，有利于提高该地区的知名度以及经贸合作的可能性。建议有关方面今后致力于承办包括东北亚名人会、涉及双边和多边谈判的国际会议在内的涉及东北亚区域经济合作，次区域经济合作、政治、文化交流等各种国际国内会议。积极搭建便于日本、韩国等周边国家参与的交流平台。

（三）推进中日韩自贸区建设，为进一步深化与日韩的合作创造便利

积极同“一带一路”沿线国家商建自贸区，使我国与沿线国家合作更加紧密、往来更加便利、利益更加融合，是“一带一路”

战略构想的重要目标。目前，中国（包括香港地区）、日本和韩国人口占世界总量的23.9%，三国的GDP占世界总量的20.6%；进出口贸易额分别占16.7%和13%。外汇储备占36.8%；能源占19.3%。[①] 如果三国建立自贸区，不仅将有效促进中日、中韩合作，还将极大地带动“一带一路”建设。2015年6月初，中韩自贸区谈判已经正式签署，根据该协定，未来20年内双方将逐步取消90%商品的关税，占双方贸易额的85%。中韩自贸区共涵盖货物贸易、服务贸易、投资和规则共17个领域，是迄今中国签订的贸易额最大、综合水平最高的自贸区。中韩自贸区的正式签署必将对中日和日韩自贸区的签署产生积极的促进作用。建议政府部门应有效利用中韩自贸区谈判的成功经验，推进中日韩自贸区谈判进程。在体现中日韩三国政治意愿，在具体问题上展现更大灵活性的前提下，推动中日韩谈判取得更大成果。

（四）发挥中小企业的主体作用，广泛开展双边及多边合作

中小企业是我国经济发展的生力军，日益成为对外经贸合作的主体。随着经济社会发展，中小企业队伍壮大，特别是地方中小企业作用增强。目前，黑龙江省的边境地区中小企业对俄合作优势凸显，吸引众多日韩企业的关注。据笔者调查了解，日韩企业每年都要来黑龙江的绥芬河等地考察，就物流、通关便利化、电商、农业、农产品的对俄合作等与政府有关部门和企业进行探讨，以期利用边境省份对俄合作的便利条件，破解对俄合作的瓶颈、拓展对俄合作的新路径。因此，许多边境地区的企业同日韩企业建立了密切合作关系。从日本方面看，对东北地区表达投资兴趣的也主要是中小企业。中日企业围绕着经绥芬河东部陆海丝绸之路的物流通道的对日木炭出口、对俄罗斯食品进口等有关合

① 《中国—东北亚国家年鉴》，黑龙江人民出版社，2014年版。

作项目正在探讨和推进中。在“一带一路”建设背景下，要大力吸引日韩的资金和技术，就要充分发挥中小企业的主体作用，在货物运营、通关便利化等方面为其提供便利。

（五）创新合作模式，为日韩的参与提供重要支持

第一，加强环境合作。目前环境合作是中日俄韩四国共同关注的焦点。中日韩环境部长会议是东北亚地区一个重要的环境合作机制，也是中日韩三国建立最早、成果最为丰富的合作机制之一。今后，要以此为平台，进一步深化和拓展三方合作，共同应对区域及全球环境挑战。第二，加强旅游合作。在中俄蒙经济走廊龙江陆海丝绸之路建设背景下，积极推动日本游客经由俄罗斯符拉迪沃斯托克，通过绥芬河、东宁进入黑龙江省观光旅游。最近，俄罗斯将把符拉迪沃斯托克市作为自由港对外开放，对外国人实行免签入境。目前日本人进入俄罗斯时签证申请繁琐，如果利用这一免签制度，日本客人可经由符拉迪沃斯托克经绥芬河口岸等直接进入黑龙江省观光旅游，促进当地旅游业发展。第三，加强农业合作。由于中韩自贸区的正式签署，在互利和互信原则下，一直作为敏感和保护行业的农业领域合作空间加大。我国农业资源丰富，在生产和加工中具有成本和人工优势，日韩具有研发和营销的比较优势。应利用我国与日本、韩国地理位置邻近、纬度和气候条件差异不大，具有人缘和亲缘基础，进一步扩大与韩国农产品贸易、绿色食品加工、针对第三国的转口贸易等合作。此外，还应加强与日韩的金融、物流、基础设施建设、养老产业等具有发展前景的项目合作。

（六）扩大人文交流，营造日韩企业积极参与的软环境

人文往来是沟通中日、中韩三国人民心灵和感情的重要基础，是增进相互理解与信任的重要渠道，对推动对日韩的友好关系发展可以发挥独特的重要作用。中韩是近邻，1992 年 8 月两国建交

以来，友好交往始终是中韩关系的主流。目前，两国有160多对省市建立友好关系，每周有830多个航班往返于两国之间。而中日关系的基础在于民间友好。二战后，中国养父母曾收养近5000名日本战争孤儿，中日邦交正常化以来，特别是中日战略互惠关系的形成和发展，使中日两国人文往来活跃展开。2014年，在中日关系起伏不定的情况下，中国访日人数高达241万人次，到日短期访问人数增加了83%，创历年来新高。[①] 建议中国政府继续扩大和深化与日韩两国间的人文交流，加强青少年间的交往，扩大友好城市之间的友好往来。例如，可依托“中日韩文化交流论坛”“东亚文化之都”活动及“中日韩文化艺术节”项目等，促进与日韩的民间交流，增进相互理解、互信与友好，营造便于日韩企业参与的人文环境。

① 关亚新、张志坤：《日本遗孤调查研究》，社会科学文献出版社，2005年版，第1页。

东方海上丝绸之路视角下的中韩合作

李家成*

自习近平主席2013年提出“一带一路”倡议以来，亚投行和丝路基金有限责任公司已经正式成立。然而，较少有人注意到“一带一路”与东北亚地区的关系。目前，由于中日关系自2010年撞船事件后受制于历史问题、领土争端以及冷淡的政治关系等多种羁绊，一直在谷底徘徊，僵局未破，加之美国干预，朝鲜经济对外开放度不高，日本和朝鲜参与“一带一路”共建的条件尚未成熟。但韩国则不同，作为中国的近邻和战略合作伙伴，一直密切关注中国倡导的“一带一路”，既有参与的积极性，还有共建的可行性。中韩两国应当携手推进“一带一路”与“欧亚倡议”的对接，从而为东北亚经济共同体建设打下坚实基础。

一、发掘东方海上丝绸之路

众所周知，2013年9月，中国国家主席习近平在哈萨克斯坦

---

* 李家成，辽宁大学国际关系学院国际政治系副教授、辽宁大学东北亚研究院研究员、韩国高等教育财团/首尔国立大学访问学者、教育部人文社科重点研究基地“辽宁大学转型国家经济政治研究中心”副研究员。主要研究方向为美国亚太同盟、中国外交战略、朝鲜半岛问题。

本文是笔者所主持的2014年度国家社会科学基金青年项目“中国海外军事基地建设的必要性与可行性研究”（立项批准号：14CGJ015）、2012年辽宁省社会科学规划基金青年项目“朝鲜对外政策研究”（项目编号：L12CGJ007）的阶段性研究成果。

2016年度教育部哲学社会科学研究重大课题攻关项目“中国丝绸之路经济带建设的地缘政治环境与地缘战略研究”（项目批准号：16J2D027）。

纳扎尔巴耶夫大学演讲时正式提出建设“丝绸之路经济带”战略构想。2013 年 10 月，习近平主席访问东盟国家时提出建设“21 世纪海上丝绸之路”。学界将其归纳为“一带一路”。但是，这个概念带有明显的误导性，海上丝绸之路就有多条①，并且中国欢迎所有国家和地区参与带路建设。并且，澳大利亚前总理陆克文在接受媒体采访时就提出丝绸之路的英文不应译为“The Belt and Road”，而应译为“Pan-continental Infrastructure Initiative”。尽管如此，学界已经形成习惯用语，本文仍然沿用之。我们还应注意到，“陶瓷之路”“香料之路”“白银之路”等均是“丝绸之路”的限时性别称。②

“一带一路”是习近平时代中国对外战略纵横捭阖的大棋局，是中国对外开放战略从“请进来”到“走出去”的大转型。该战略所推动的“更大范围、更高水平、更深层次”的区域合作将有利于“命运共同体”的构建。2015 年 3 月 28 日，发改委、外交部、商务部联合发布了《推动共建丝绸之路经济带和 21 世纪海上丝绸之路的愿景与行动》。③ 这表明“一带一路”涉及外交、贸易、投资和发展规划。“一带一路”横跨亚欧大陆，涉及三大洲数十国，一端是活跃的东亚经济圈，一端是发达的欧洲经济圈。“一带一路”可谓是中国“走出去”战略的升级版，依靠在基础设施建设和制造业发展方面的优势，通过拓展海外需求、消化产能和资本过剩实现保增长。

---

① 中国三部委联合发布的带路官方文件认为，“21 世纪海上丝绸之路”的重点方向是从中国沿海港口过南海到印度洋，延伸至欧洲；从中国沿海港口过南海到南太平洋。参见：中国国家发展改革委员会、外交部、商务部：《推动共建丝绸之路经济带和 21 世纪海上丝绸之路的愿景与行动》，新华社，2015 年 3 月 28 日，http：//news. xinhuanet. com/2015 – 03/28/c_1114793986. htm。这显然忽略了东方海上丝绸之路的历史存在与战略重要性。学界多半仍把海上丝路的西端与东端局限在欧洲与中国东南海岸。这显然忽略了中国东北海岸和东北亚。

② 中国历来有三种商品货通全球，可以说比坚船利炮更容易打开每一个国家的大门，即丝绸、茶叶、瓷器。

③ 《推动共建丝绸之路经济带和 21 世纪海上丝绸之路的愿景与行动》，新华社，2015 年 3 月 28 日，http：//news. xinhuanet. com/2015 –03/28/c_1114793986. htm。

“海上丝绸之路”是在大陆文明东渐与河海文明相互影响的过程中逐渐形成的。1913年，法国东方学家沙畹首次提及“海上丝绸之路”（也称“海上丝路”）。它是指古代中国与世界其他地区进行商贸往来、文化交流以及军事战备的海上通道的统称，有两条比较重要的南北航线：一条是东海航线，也叫“东方海上丝路”，是春秋战国时期的齐国在胶东半岛开辟的“循海岸水行”直通辽东半岛、朝鲜半岛、日本列岛直至东南亚的黄金通道；另一条是南海航线，也称“南海丝路”，是西汉时始发于广东徐闻港到东南亚、南亚后延续到西亚直至欧洲的海上贸易黄金通道。海上丝路经南海进入孟加拉湾，到达印度半岛南部的黄支国和今天的斯里兰卡。中国从印度学习熬糖（蔗糖）法、天竺乐；印度从中国学习“四大发明”。

古代中国作为“海上丝路”的东方起始点，从东亚开始连接起亚非欧几十个国家和地区，是世界上最长、最具开发潜力的经济大走廊和海上运输通道。“海上丝路”的悠久历史和所蕴含的共同价值观，是建设海洋强国的基础和指南。作为一个负责任的大国，中国从世界和平与发展的高度，以史为鉴，挖掘海上丝绸之路的历史价值和当代启示，在提出“一带一路”重大战略的基础上出资400亿美元成立丝路基金。这也需要沿线各国通力合作。

海上丝绸之路不仅是贸易往来的通道，也是文明交流的通路。海上丝绸之路概念的扩大，不仅表现在通路的单线延长，而且也表现在复线乃至网状的扩张。中国应当建立稠密的海上网路（marine network），使海上丝绸之路从区域性海路发展到环地球性海路。中韩两国隔海相望，相似的文化信仰、生活习惯、乐趣喜好，让中韩两国从商业贸易、文化交流、旅游观光等各个领域的交流合作更加紧密。早在中国的三国时期，朝鲜半岛的王公贵族对中国的青瓷有着特殊的喜爱。中韩两国通过中韩海路进行交流和来往。

中韩之间连接两国海岸海路包括沿岸迂回路和横断直航路。[①] 海上丝绸之路由此延伸到朝鲜半岛。

丁毓玲先生在韩国国立海洋文化研究所和木浦大学岛屿文化研究所共同主持的“古代东亚海路”题下的国际学术大会（2009年）上，发表论文《泉州宋元时期海上交通与伊斯兰网路》，主张中世纪阿拉伯和波斯穆斯林商人所造成的贸易网路终点是中国，因此，他们再也不赴高丽和日本。此外，迄今东西洋制作的多半丝绸之路地图，是排除朝鲜半岛于丝绸之路（包括海上丝路）上的。事实上，这与朝鲜半岛和西域之间早已存在过海上交易和人力来往的史实相冲。陈炎教授在前述的《论海上丝绸之路与中外文化交流》一文中，以中国丝绸“外传”为准，分海丝路的发展过程为形成期、发展期、极盛期三个时期。在每个时期中，首屈一指的是中韩两国间的丝绸交易。这就说明朝鲜半岛早已在海上丝路的东段发挥着重要作用。[②]

二、“一带一路”对接“欧亚倡议”

“一带一路”建设是一项系统工程，要坚持共商、共建、共享

---

① 有关韩、中海路的主要典籍，有徐福（市）渡韩的《史记》卷6《秦始皇本纪》，汉水军到渤海的《史记》《朝鲜传》，孔子到东夷的《汉书》卷26《地理志》，马韩利用南方横断路的《晋书·四夷传》“马韩”条，伽倻利用南方横断路的《南齐书》卷58《东夷传》，魏代朝鲜半岛西南海岸路的《三国志》《魏书·倭人传》，由登州至庆州海路的贾耽所作《皇华四达记》（《道里记》）、《登州航行入高丽渤海道》，日僧圆仁利用黄海横断路的《入唐求法巡礼行记》，北宋徐兢的南方横断路记《宣和奉使高丽图经》，南方横断路的《宋史》《高丽传》等；有关韩、中海路的主要论著，有林士民的《海上丝绸之路的著名海港——宁波》（海洋出版社1990年版），全海宗的《论丽宋交流》（《浙东文化》，2001年），孙光圻的《公元8~9世纪新罗与唐的海上交通》（《海交史研究》，1997年），董贻安的《从〈飘海录〉到“千年海外寻珍”：宁波与韩国“海上丝绸之路”的当代诠释》（《浙东文化集刊》，上海古籍出版社2005年版），金荣济的《丽宋交易的航路与船舶》（《历史学》，第204集），郑守一的《海路的东段——古代韩、中海路》（《文明交流史研究》，四季节出版社2002年版），郑守一的《东北亚海路考》（《文明交流研究》，2011年，第2号）等。

② ［韩］郑守一：《海上丝绸之路与韩半岛》，《丝绸之路》，2014年第4期，第52页。

原则，积极推进沿线国家发展战略的相互对接。[①] 探讨“欧亚倡议”和“一带一路”进行战略对接与整合的可能性，制定能够发挥双方优势的合作方案，必将为深化中韩两国合作带来新的机遇。

（一）中韩两大战略对接的进展

2013 年 10 月 18 日，韩国总统朴槿惠在首尔新罗酒店举行的欧亚时代的国际合作大会开幕式主题演讲中提出韩版“西进”计划——“欧亚倡议”的经济外交构想，指的是通过与欧亚地区国家的经济合作，扩大韩国的对外贸易，带动朝鲜开放门户，消除半岛的紧张局势，把亚欧大陆连接成一个经济共同体。其中，“丝绸之路快车”是“欧亚倡议”的核心内容之一，指的是建立贯通朝鲜半岛、俄罗斯、中国和中亚，直到欧洲的交通网络和电力、煤气、输油管等能源网络。如果穿越朝韩的朝鲜半岛纵贯铁路（TKR）与中国境内铁路实现对接，会给朝鲜带来可观的过境收入。这不失为促进朝鲜开放、推动朝韩合作、改善两国关系的一条蹊径。

韩国方面一直在努力推动“欧亚倡议”的落实进程。韩国特别采访组专门就中国“一带一路”建设展开调研采访。2015 年 4 月 12 日至 5 月 1 日，韩国《中央日报》和韩国贸易协会组成的特别采访组沿着丝路经济带路线，探访了连云港、郑州、兰州、乌鲁木齐等多个城市并深入调研采访，集中报道了“一带一路”建设对韩国的积极影响。

2014 年 7 月 4 日，朴槿惠总统在与到访的中国国家主席习近平一道出席韩中经济通商合作论坛并发表演说时指出，需要考虑将韩国的“欧亚倡议”和中国的“丝绸之路经济带”构想结合起

---

① 中国国家发展改革委员会、外交部、商务部：《推动共建丝绸之路经济带和 21 世纪海上丝绸之路的愿景与行动》，新华社，2015 年 3 月 28 日，http：//news. xinhuanet. com/2015 －03/28/c_1114793986. htm。

来。如此一来，中国将是衔接远东亚洲、中亚、中东以及欧洲的桥梁，中韩两国的竞争力势必得到提高。

2014 年 10 月 16 日，韩国总统朴槿惠在第十届亚欧首脑会议（ASEM）的发言中还为此提出过要研究欧亚复合交通物流网的可行性。借助中韩自贸区，建设韩国直通中国的海上通道，搭上中国经济发展的快车，韩国便可以为自己找到一条节省时间和成本的贯通欧洲的运输量极大的“大动脉”，输出自己的商品和投资，获得利益的最大化。①

2015 年 1 月 13 日，韩国外交部与韩国铁道公社（KORAIL）签署合作协议，商定共同推进“欧亚丝绸之路友谊项目”（暂名）。根据该计划，韩国外交部将利用横跨西伯利亚铁路（TSR）和横跨中国铁路（TCR）等铁路网，先后在俄罗斯、中国、蒙古国、中亚和欧洲等国家和地区的主要城市举行以物流合作、未来合作、和平合作为主题的文化活动和纪念世界反法西斯战争胜利 70 周年、德国统一 25 周年、韩俄建交 25 周年、韩蒙建交 25 周年的活动，其目的就是宣传和落实韩国政府推进的“欧亚倡议”中的“丝绸之路快车”（Silk Road Express）构想。

2015 年 1 月 29 日，在北京召开的第十三次中韩经济部长会议上，中韩双方签署了关于中国国家发改委宏观经济研究院和韩国对外经济政策研究院两国智库之间的行动计划。双方智库已选定韩国总统朴槿惠提出的“欧亚倡议”和中国国家主席习近平提出的“一带一路”战略作为 2015 年的共同研究课题。

（二）中韩两大战略对接的动力

2015 年，中韩两国正式签订自由贸易协定。中韩关系继续向好。中国已经是韩国的最大贸易伙伴、最大出口市场、最大进口

---

① 高鹏：《丝绸之路经济带可成深化中韩合作纽带》，《中国社会科学报》，2015 年 4 月 8 日，第 B02 版。

来源国与最大海外投资对象国，韩国民众也因此认为，中国对韩国来说是必不可少的。

对中国而言，韩国是中国在东北亚现实或潜在的支点国家。构建通往西太平洋的东方海上丝绸之路，与美国等西方国家争夺韩国这个战略要塞，都不可避免地需要与韩国合作。中国需要发挥中国之为“中央”的枢纽地缘优势，主动争取韩国参与丝绸之路经济带建设，并对其让利、允许其搭便车，形成浑然一体的“利益共同体”“责任共同体”“命运共同体”，成为“实现共同发展的伙伴、致力地区和平的伙伴、携手振兴亚洲的伙伴、促进世界繁荣的伙伴”，从而使韩国在中美地缘政治经济博弈中保持中立姿态，进而在政治上部分抵消美国对韩国的拉拢效应，在经贸上对冲 TPP 对中国的排斥效应，在安全上减弱美国“重返亚太”战略对中国的负面效应，可以对包括朝鲜在内的整个东北亚地区形成示范作用。

对韩国来讲，韩国在经济上、战略上都需要中国，韩国要实现“欧亚倡议”构想离不开中国的战略保障和资金支持。中国的参与可以在一定程度上缓解韩朝双方在合作中的互不信任感和顾虑，维持合作的长期稳定。积极参与“一带一路”共建可为韩国经济发展带来新的活力，保持其经济的可持续增长。参与亚洲基础设施投资银行，则可在一定程度上摆脱韩国在现有国际金融机构中份额偏低、与其经济实力不符的困境，提高韩国的国际地位。[①] 韩国在中美两大国之间奉行战略平衡，同时推进由中国主导的亚太自由贸易区（FATTP）和美国主导的 TPP，积极支持中国主导的 FATTP，主动融入“一带一路”战略，整合欧亚经济一体化。

当前韩国经济发展正陷入困难局面，人口快速老龄化，年轻

① 牛林杰:《“欧亚倡议” + “一带一路”: 深化中韩合作的新机遇》,《世界知识》, 2015 年第 5 期, 第 29 页。

人失业率攀升，致使经济增长放缓。2013 年韩国十大集团企业税前利润下滑近 15%，国内对目前贸易结构固化的担忧日益增长。2014 年三星电子净销售额创下 8 年来新低，在中国的净销售额跌幅为 17.7%。2015 年第一季度 GDP 环比增长仅为 0.8%，增速连续 4 个季度低于 1%，市场普遍担忧韩国经济是否会陷入日本式的长期疲软。目前韩国出口前 100 位的商品中，有 55 种与日本重叠，这些商品在韩国出口中的比重达到 54%。日元贬值导致其商品的相对竞争力上升。根据统计，日元对韩币的汇率每下降 5%，韩国出口就会减少 1.14%，同期经济成长率则会下降 0.27%。韩国的外贸依存度（进出口总额与 GDP 的比值）超过 100%。[①] 因此，解决停滞不前的经济发展是韩国的当务之急。在目前进出口数据均不佳的前提下，"贸易立国"的韩国对"一带一路"最大的希望，是将其作为经济恢复和发展的动力，希望借助"一带一路"战略来促进贸易。

韩国对美国提供的公共物品的有效性产生了一定的质疑，这与对中国"一带一路"战略的关注是一脉相承的。"一带一路"战略正是中国向世界提供公共物品的尝试，提供那些具有很强跨国界外部性的商品、资源、服务及规章、政策体制，它们对发展和消除贫困非常重要，而只有通过发达国家与发展中国家的合作和集体行动，才能充分供应此类物品。

此外，相比较于对日本人、美国人、欧洲人的态度，韩国人对中国的反感更少，因为从封建时代开始，韩国已经确立了中华文明是国家发展动力的想法。通过中国的力量增强韩民族的力量，这是韩国历史基因中与生俱来的东西。[②]

总之，中国的海上丝路建设需要韩国的配合，韩国也需要借

① 赵大熙、姚锦祥、王东阳：《韩国视角下的"一带一路"》，财新网，2015 年 5 月 25 日，http：//opinion.caixin.com/2015－05－25/100812369.html。

② 赵大熙、姚锦祥、王东阳：《韩国视角下的"一带一路"》，财新网，2015 年 5 月 25 日，http：//opinion.caixin.com/2015－05－25/100812369.html。

助海上丝路发展自己。中韩两国通过两大战略对接展开战略合作，推动以“协同发展、分享利益、合作安全、改善民生、获得民心”为核心的“王道主义外交”，做实同沿线国家所建立的链式发展模式。

（三）中韩两大战略对接的阻力

尽管“一带一路”带来的利益诱人，韩国也依然不无戒心。首先，韩国特殊的地缘政治情况给经济政策造成了很大的影响。中美竞合关系的未来走向与韩国的国际政治经济政策具有很大的相关性。经济上中国已成为韩国的第一大伙伴国，但安保上，韩国却严重依赖美国的军事力量。这种“双重户籍”的现象使韩国很难独立地决定自己的政策。中美战略竞争只会让韩国左右为难，无所适从，无法积极参与“一带一路”。如果中美两国合作的话，韩国将努力发挥自己中等强国（middle power）的优势，在中美之间主动发挥平衡作用，并借此塑造地区发展和稳定的局面，并在这个过程中争取最大的国家利益，而“一带一路”就是一个很好的抓手。目前中美关系的发展虽然存在很大的困境，但双方在经济、环保、反恐等全球治理领域存在很多共同利益和目标，双方也已经建立了许多对话和危机管理机制来管控传统风险。

其次，韩国如果使用中国“一带一路”所提供的公共物品，事半功倍地推动了其经济的高速发展，它不仅可能要承担较高的费用或机会成本，而且很难发挥足够的主动力量。

再次，西方国家一些媒体和学者将中国“一带一路”战略描画为旨在经济扩张的中国版“马歇尔计划”。这不免会让其他国家心生担忧。

三、东方海上丝绸之路视角下中韩合作的设计与布局

东方海上丝路为中韩两国提供合作新框架和交流新视角。建

设绿色、和谐、繁荣、共赢的“一带一路”，保证丝路经济带建设项目的安全，确保丝路经济带的成果，维护我们正当的权利，既需要审慎的战略思考，又需要细致的具体规划。对作为主导者的中国而言，应强调国家战略目标和企业经营目标的一致性，将国家层面的经济合理性建立在企业层面的商务可行性的基础上；对企业来说，应将海外投资运营建立在经济、环境、社会三重合理性之上。短期内，应避免“一带一路”出现外冷内热的倾向，防止地方政府借题发挥，盲目、过度投资。①

（一）政策沟通

加强政策沟通是“一带一路”建设的重要保障。加强政府间合作，积极构建多层次政府间宏观政策沟通交流机制，深化利益融合，促进政治互信，达成合作新共识。沿线各国可以就经济发展战略和对策进行充分交流对接，共同制定推进区域合作的规划和措施，协商解决合作中的问题，共同为务实合作及大型项目实施提供政策支持。② 中韩两国合力推进“一带一路”与“欧亚倡议”的对接，有利于将朝鲜融入地区发展与合作的进程中来，从共同关切层次推进至争议领域，以有限之目标逐步推进，避免速度过快引起更大的阻力，逐步推动建立地区的安全共同体。

（二）设施联通

基础设施互联互通是“一带一路”建设的优先领域。在尊重相关国家主权和安全关切的基础上，沿线国家宜加强基础设施建设规划、技术标准体系的对接，共同推进国际骨干通道建设，逐

---

① 梁国勇：《“一带一路”的棋局观》，英国《金融时报》中文网，2015 年 4 月 23 日，http：//www. ftchinese. com/ story/001061687。

② 中国国家发展改革委员会、外交部、商务部：《推动共建丝绸之路经济带和 21 世纪海上丝绸之路的愿景与行动》，新华社，2015 年 3 月 28 日，http：//news. xinhuanet. com/2015 – 03/28/c_1114793986. htm。

步形成连接亚洲各次区域以及亚欧非之间的基础设施网络。强化基础设施绿色低碳化建设和运营管理，在建设中充分考虑气候变化影响。[①] 中韩铁路轮渡计划相关研究已列入韩国 2015 年预算，这进一步贯通延伸中国的东西铁路运输，推动形成亚欧运输大通道。

（三）贸易畅通

投资贸易合作是“一带一路”建设的重点内容。宜着力研究解决投资贸易便利化问题，消除投资和贸易壁垒，构建区域内和各国良好的营商环境，积极同沿线国家和地区共同商建自由贸易区，激发释放合作潜力，做大做好合作“蛋糕”。[②] 中韩应努力探索合作空间和互补潜力，以中韩自贸协定的签订为契机，推动产业整合和市场互联。在中韩自贸区建立后，签署双边投资协定或将成为下一步推进双边经济关系的重点。

朴槿惠指出两国经贸合作范围必须由以制造业为中心延伸到服务业、能源、新产业等多个领域，并在医疗、物流、文化、金融等多种服务行业深化交流与合作。两国还要为共同应对能源、环保、气候变化等共同面临的全球性事务继续努力，并加大在电子、生物、新材料等新产业上的合作力度，使中国七大战略新兴产业和韩国十三大增长动力项目早日取得成果。两国要鼓励和支持更多本国企业进入对方国家市场，并通过韩中自贸协定（FTA）保障经贸环境健康和稳定发展。希望韩中自贸协定能够成为推动

① 中国国家发展改革委员会、外交部、商务部：《推动共建丝绸之路经济带和 21 世纪海上丝绸之路的愿景与行动》，新华社，2015 年 3 月 28 日，http：//news. xinhuanet. com/2015 - 03/28/c_1114793986. htm。

② 中国国家发展改革委员会、外交部、商务部：《推动共建丝绸之路经济带和 21 世纪海上丝绸之路的愿景与行动》，新华社，2015 年 3 月 28 日，http：//news. xinhuanet. com/2015 - 03/28/c_1114793986. htm。

两国交流与合作、探讨亚太地区经济一体化的基石。[1]

（四）资金融通

资金融通是“一带一路”建设的重要支撑。深化金融合作，推进亚洲货币稳定体系、投融资体系和信用体系建设；扩大沿线国家双边本币互换、结算的范围和规模；推动亚洲债券市场的开放和发展；共同推进亚洲基础设施投资银行、金砖国家开发银行筹建，有关各方就建立上海合作组织融资机构开展磋商；加快丝路基金组建运营。[2] 韩国是中国重要的货币互换伙伴、货币结算伙伴、货币交易伙伴和货币清算伙伴，因此也是中国人民币外交、货币伙伴网络以及货币支点国的重要一环。2015 年 5 月 21 日，韩国进出口银行与中国工商银行和中国银行签署业务合作协议，以加强金融领域合作，为中国政府提出的“一带一路”战略相关项目提供金融援助，为企业承揽基础设施开发项目提供帮助。该行将继续同中国主要商业银行建立战略伙伴关系，推动韩国企业加快进军中国市场的步伐。

（五）民心相通

民心相通是“一带一路”建设的社会根基。传承和弘扬丝绸之路友好合作精神，广泛开展文化交流、学术往来、人才交流合作、媒体合作、青年和妇女交往、志愿者服务等，为深化双多边合作奠定坚实的民意基础。[3] 中韩两国政府与企业需要用利益共

---

① 朴槿惠：《需将韩国欧亚倡议和中国新丝绸之路构想相结合》，http：//chinese. yonhapnews. co. kr/allheadlines/2014/07/04/0200000000ACK20140704002300881. HTML。

② 中国国家发展改革委员会、外交部、商务部：《推动共建丝绸之路经济带和 21 世纪海上丝绸之路的愿景与行动》，新华社，2015 年 3 月 28 日，http：//news. xinhuanet. com/2015－03/28/c_1114793986. htm。

③ 中国国家发展改革委员会、外交部、商务部：《推动共建丝绸之路经济带和 21 世纪海上丝绸之路的愿景与行动》，新华社，2015 年 3 月 28 日，http：//news. xinhuanet. com/2015－03/28/c_1114793986. htm。

享、责任共担、共同发展、合作共赢的“发展思维”取代零和博弈的“冷战思维”，继续深化两国的政治、经济、文化关系，推动民生质量的提高，建立“一带一路”的培训系统，多向公众包括境外的人解释，既要讲好中国故事，也要培养人脉、建好网络，将中韩民众的“小幸福”同国家发展的大愿景紧密融合起来，宏伟的目标与朴实的民心结合起来，在韩国精英层培养更多的“知华派”和“友华派”，打消韩国地缘政治方面的戒心，争取得到对方的认同，共建共同得利与繁荣的丝路经济。

四、东方海上丝绸之路视角下的中韩地方合作

当今世界国际金融危机深层次影响继续显现，世界经济缓慢复苏、发展分化，国际投资贸易格局和多边投资贸易规则酝酿深刻调整，各国面临的发展问题依然严峻。在以和平、发展、合作、共赢为主题的新时代，顺应世界多极化、经济全球化、文化多样化、社会信息化的潮流，传承和弘扬“和平合作、开放包容、互学互鉴、互利共赢”的丝绸之路精神，连接亚欧非几大文明的贸易和人文交流通路，推动中韩共建“21世纪海上丝绸之路”，铺就面向东北亚的海上丝绸之路，加快东方海上丝绸之路建设，打造带动东北发展的战略支点，成为促进中韩繁荣发展的重要纽带和交流合作的渠道。这将有利于促进东北亚经济繁荣与区域经济合作，加强不同文明交流互鉴，促进世界和平发展。

在“一带一路”战略构想下，中韩经贸交流合作正展示出前所未有的广阔前景。当前，中韩经济高度关联，两国经贸合作势头强劲、前景良好，地方合作逐步深入，特别是两国刚刚正式签署中韩自贸区协定，这为中韩经贸合作提供更广阔的发展空间。中国需要继续向东拓展，全面提升对韩开放合作水平。中国地方政府可以在韩国举办经贸合作说明会，提供一个齐聚一堂、畅叙友情、共商合作、共话发展的平台，探索中韩经贸合作新的增长

点，为引入韩资建设宜业的投资环境和宜居的生态环境，成为本地人自豪、投资人向往的美丽家园，促进中国省域或市域经济的发展，拉动国内经济增长。

辽宁省对韩合作基础良好、条件优越，应以更加积极主动的姿态抢抓“一带一路”战略机遇，扩大与“一带一路”沿线国家合作，全方位拓展对韩经贸交流，放大向东开放优势，做好向西开放文章，拓展对内对外开放新空间，主动策应《中国制造 2025》和“互联网 +”行动计划，以绿色发展为理念，加快建设新能源、汽车及新能源汽车、节能环保、现代农业、大宗商品港口物流等国家级产业基地，以及大数据、云计算、电子信息、智能终端等创新型经济集群，与韩国在经贸科技、美容健康、文化创意、旅游观光以及第六产业等各领域开展新的广泛合作，建设中韩产业合作高地，为中韩关系全面发展、合作双赢做出新的重要贡献。

辽宁省需要加大对韩宣传推介力度，制作城市形象宣传片，邀请韩国新闻媒体到场，形象生动地介绍辽宁省独特的区位条件、丰富的资源禀赋、完备的产业配套以及良好的营商环境，在对韩合作方面争取发挥排头兵作用，成为中国东部沿海韩资密集区和韩国客商投资的优选目的地，进一步拓展在韩朋友圈、知名度以及影响力。

辽宁省还需要深化落实中韩两国达成的“拓展地方经济合作，共同建设中韩产业园”共识，更好发挥政府间统筹协调作用，进一步确定并细化新形势下各领域合作的优先方向和阶段目标，以此更好推进各自产业的转型升级和国际化进程，深化在文化、旅游、教育、医疗、科学等多领域的合作交流，防止沦为“展示性项目”。

此外，辽宁省还需要抢搭“一带一路”以及中韩自贸区的快车，发展邮轮经济，拉动包括旅游、交通运输、港口、金融等一系列现代服务业以及造船业等先进制造业的繁荣发展，做大“海上经济”，增开对韩客流航线，发展国际豪华邮轮，逐步做强邮轮产业，打造中国东部海上高速路，发展港口码头、远洋运输及物流业，发展国际邮轮产业，建设大型综合航运集团，冲出国门，走向世界。

总之，随着具体规划落地，相关机构设立，中韩两国取长补短、互利共赢，以共建“一带一路”为契机，平等协商，兼顾各方利益，反映各方诉求，携手推动更大范围、更高水平、更深层次的大开放、大交流、大融合，进一步整合经济，不断充实完善“一带一路”的合作内容和方式，共同制定时间表、路线图，积极对接“一带一路”与“欧亚倡议”，“创新”现代丝绸之路，推动中韩两国利益共同体甚至“命运共同体”建设。

“一带一路”战略与中日经贸合作

刘　巍　李　飞　王行伟*

一、中日经贸合作现状

作为世界第二、第三大经济体，中日经贸往来十分密切。2014 年中日双边贸易额达 3136 亿美元，连续四年超过 3000 亿美元。日本对华直接投资为 43.3 亿美元，是日本海外投资第二大对象国。与此同时，两国人员往来密集。2014 年日本来华游客人数为 271.76 万人，排在韩国之后名列第二，其中商务来华人数为 83.58 万人，而中国赴日游客人数为 189 万人，比上一年增加 91.9%，其中商务访问交流人数也大幅增加。但近年，随着中日关系的持续紧张和地缘战略竞争加剧，中日经贸合作呈现下滑趋势。从 2012 年开始，中日双边贸易额连续三年下降。2015 年 1—5 月，累计同比上一年下降 11.3%，约为 1122 亿 5600 万美元。其中对日出口额下降 11.4%，对日进口额下降 11.3%。日本对华直接投资在 2012 年达到高峰后也急转直下，2014 年大幅减少 38.8%。考虑到中日关系对立状态可能常态化、长期化，加上日本政府引导企业投资转向，推进“中国 +1”布局，在华日企向东盟国家投资转

* 刘巍，中共辽宁省委党校经济学教研部，讲师；李飞，中共辽宁省委党校省情研究所，副教授；王行伟，中共辽宁省委党校经济学教研部，主任、教授。

本研究为 2013 年国家社科基金一般课题《区域产业转型的环境效应及调控研究》（批准号：13BJY067）的阶段性研究成果。

移的趋向日益明显。比如，日本加快构筑的珠三角与东南亚之间的地区生产网络，就是关停珠三角地区的纺织服装类企业，将生产转移到越南、老挝、柬埔寨、缅甸等国家。对于打印机、复印机等电子产品，在维持珠三角地区原有生产不变的情况下，把新增、扩大的产能转移到周边国家，将珠三角地区定位为东南亚地区零部件供应地。

辽宁省与日本的经贸合作也呈现了先扬后抑的走势。由于地理位置优越，历史文化较为接近，日本对辽宁的实际投资金额由2005年的4.1亿美元增加到2013年的43亿美元。投资主要集中在大连、沈阳，以制造业为主。但从2014年开始大幅下滑，2014年上半年，日本对辽宁投资为13.36亿美元，同比下降50.2%，出现了较大的波动。日本贸易振兴机构进行的《亚洲、大洋洲日资企业活动实况调查（2013年度）》显示，2013年辽宁省日资企业出口额占销售总额的比重为45.6%，高于全国平均水平的34.9%，明显高于内销型企业占多数的北京（16.4%）、上海（17.4%）、天津（22.4%）。这一状况使得辽宁的日资企业对于人工成本的上升十分敏感，高达90.6%的在辽日资企业认为“员工工资上涨”是影响其经营的最大问题，这一比例高于全国85.3%的平均水平。由于在辽日企的生产效率并不高，加之出口低迷和人工费的上涨加速了日企的撤退，2013年将生产缩小、撤退、转移到第三国的比例高达9.4%，位居全国第一位。而企业出口比例与规模扩大存在一定关联，即出口型企业扩大生产规模的志向较低，而内销型企业扩大生产规模的志向较高。这也很好地解释了近年日本对辽宁投资出现波动的这一状况。另外，该调查还显示，多数日企认为虽然辽宁发展潜力大，但投资环境不完善，对外资的吸引力有限。①

① 数据来源为日本贸易振兴机构网站。

二、日本如何看待“一带一路”

我国“一带一路”战略推出后，备受世界关注，很多国家积极响应并参与其中。但日本却对“一带一路”构想兴趣不大，反应冷淡，在日本精英界也尚未形成针对这一议题的讨论氛围。主要原因如下：第一，在多数日本人看来，中国并没有将日本纳入“一带一路”范围内，日本和“一带一路”关系不大。日本有自己的海上商业贸易路线。而日本的海上商贸路线就是以马六甲海峡为中转的亚—非—欧路线和直接穿过太平洋的亚—美路线，由于日美同盟的存在，这两条路线稳定、安全、可靠，而日本的亚—非—欧路线与“一带一路”又是对手和竞争关系。第二，日本认为，“21 世纪海上丝绸之路”就是“郑和下西洋”的现代版，未来“一带一路”将成为一个超级宏大的自由贸易区，是中国自由贸易区的延伸计划，这将增加中国在东南亚、中亚等地的影响力和控制力，而这些地区正是多年来日本苦心经营的地域。日本担心中国的战略构想 或将导致日本在亚洲未来的发展潮流中被边缘化。所以，作为既得利益者的日本，感受到中国带来的挑战并不积极。第三，日本也不想疏远得罪盟友美国，更不愿意助长中国的势力，日本已经宣布加入美国主导的 TPP，并意图牵制、遏制中国，在美国极力反对“一带一路”的背景下，日本自然会全力配合。

随着“一带一路”配套措施——亚洲基础设施投资银行的筹建，2015 年 3 月以来，日本国内舆论的焦点开始转为日本是否参加亚投行这一话题上来。日本财务省 2 月曾声称中国主导的亚投行解决不了组织管理的问题，在国际上难成气候。日本财务省还积极与美国合作，游说韩国和澳大利亚不要加入亚投行。同样，日本外务省也认为亚投行难有作为，在呈递给首相官邸的报告中认为，中国的新构想不会在国际上得到主要大国的支持①。然而，2015年3月12日，作为美国亲密盟友的英国突然宣布加入亚投行，以及随后德、法、意等多个欧洲主要国家相继“倒戈”，令日本朝野上下一片哗然，被媒体讥讽为美日对华外交的“完败”。时至今日，日本官方对加入亚投行仍持保留态度，担心亚投行的组织管理并质疑其运作是否具有足够的透明性。当然，这只是表面理由，其深层原因仍是日本对失去既得利益的担忧。亚洲开发银行是亚洲最主要的国际金融机构，长期由日本和美国主导。日本担心亚投行会抢了亚开行的风头。亚投行一旦顺利运作，日本在亚洲地区的金融主导权也会被冲击甚至被取代。

尽管日本官方态度没有松动，但日本国内主张日本政府应权衡利弊，积极参加亚投行的声音日渐清晰。例如，日本佳能战略研究所主任濑口清之指出，亚洲的发展如果没有中日合作就无法达成，日本应积极利用其在世界银行和亚洲开发银行的运营经验，帮助中国建立这个新的国际开发银行，促进中日共赢。同样，曾任职于世界银行和亚洲开发银行，现为立命馆亚洲太平洋大学教授的塚田俊三也认为，只要帮助亚投行建立有效规范，日本无须过分担心中国对亚投行的主导权和控制权，这个新平台将为日本的汽车、电子、机械等传统优势产业提供前所未有的新商机。如果对亚投行出资1000亿日元，日本将获得一个有10兆日元规模市场的投资入场资格的话，对日本将有利无弊。

同样，对于亚投行，日本企业界态度也比较模糊。2015年4月1—15日，路透社走访了483家日本大中型企业，就日本是否应加入亚投行展开调查，其中约250家企业回答了相关问题。调查结果显示：72%的企业表示，如果治理问题得到解决，日本应该加入亚投行；有24%的企业表示不需要加入；只有4%的企业希望日本

① 日本《钻石》周刊4月初号。

无条件加入亚投行。①

在日本企业看来，日本企业从开发银行贷款中获得的直接利益有限，因为日本企业主要从事高质量、高成本、高规格的项目，对于中低端基础设施建设的参与并不多，约 84% 的企业表示，即使日本不加入亚投行，也不会处于劣势。在公路、铁路、桥梁和供电设施的成本方面，日本没有竞争优势，在亚洲开发银行贷款支持的项目与工程合约中，日本企业只获得了 0.26%，远远低于印度的 24% 和中国的 22%。因此，日本企业认为不可能从亚投行赚到快钱，多数持冷静和务实的观点。但也有部分受访企业认为，亚投行可能会让欧洲企业在亚洲的项目谈判中比日本企业更具优势，日本如果不加入亚投行，可能错过该地区的成长机遇。②

总体来看，日本产业界（经济产业省背景）和企业界对中国的"一带一路"规划和亚投行构想持积极态度，而金融界（财务省背景）则持谨慎态度。一方面，日本认为亚投行可能滋生腐败、忽视环境保护、导致不透明等。亚投行的投资会主要针对不发达国家的基础设施建设，而日本不可能是投资对象，与日本关系不大。另一方面，还是日本的价值观外交在从中作梗，日本为了维持以牵制中国为目的的价值观外交，宁肯牺牲一些经济利益，也要搅局，让中国的计划难以成形。这很可能导致日本在重要战略上再次失误，损害自身经济利益。

三、"一带一路"战略下中日经贸合作空间巨大

在对待"一带一路"和亚投行的问题上，日本政府和媒体保持高度一致，特别是媒体报道有失偏颇，过分强调中日、中美之

① 《调查：仅 4% 日企希望日本加入亚投行 不加入也看不到坏处》，凤凰财经，2015 年 4 月 21 日，http：//finance. ifeng. com/a/20150421/13650775_0. shtml。

② 《调查：仅 4% 日企希望日本加入亚投行 不加入也看不到坏处》，凤凰财经，2015 年 4 月 21 日，http：//finance. ifeng. com/a/20150421/13650775_0. shtml。

间的竞争关系，至于给日本企业带来的利益和好处，始终不愿意触及和分析，没有从扩大中日经贸合作的重要机遇等正面角度去思考和认识。在“一带一路”战略下，中日双方有着广泛的合作空间。

回顾丝绸之路的历史，在其发展的最鼎盛时期——唐代，就有日本学者和僧人远渡大唐，后人称其为遣唐使，日本国内有一种说法认为，古代丝绸之路的东端一直延伸至日本，中国隋唐时期的各种文化和技术都是通过这条线路传到日本，在日本古都奈良的古寺庙里，至今仍然保存着当年从中国及西亚等地带回的宝物，日本与丝绸之路颇有渊源。日本国民对丝绸之路也有着美好的回忆。20 世纪 80 年代在日本举办的“丝绸之路系列展”和 NHK 摄制的纪录片《丝绸之路》在日本引起了不小的轰动。“一带一路”为中日开展合作提供了新的平台。作为地区的重要国家，两国可以探讨加强在地区和国际事务中的协调配合，共同开展在亚洲金融货币、基础设施建设、互联互通等领域的合作，为地区和世界的繁荣稳定做出贡献。

第一，长期以来，日本一直致力于在亚洲各地通过政府援助（ODA）和利用民间资本改善当地公共基础设施，而且日本与东南亚、中亚、西亚国家有着较为密切的经贸往来。此次可利用“一带一路”的契机，改善日本在“一带一路”沿线国家的投资环境，促进日本企业海外贸易。例如，中国与哈萨克斯坦启动“一带一路”合作，建立了物流基地，其货物有三成是来自日本的汽车零部件和电子元件，而随着“辽满欧”“渝新欧”等连接中亚和欧洲的海铁联运通道的开通，使日本到中亚、欧洲的物流又有了新的更好的选择。日本到哈萨克斯坦以及欧洲的运输时间将从三周缩短到五天以内，对日本企业大有裨益。

第二，中日两国企业在基础设施建设领域有广泛的合作空间。与美国企业没有太多的基础设施领域相关技术不同，日本是世界上最具有基础设施建设经验和技术的国家，在包括中国在内的很多亚洲国家，日本都有合作项目，例如北京机场。日本企业也希望能在亚洲继续扩大相关业务。2013 年日本政府提出的“日本再兴战略”和 2014 年日本政府公布的新经济成长战略及长期政策蓝图中，都将海外基础设施建设作为今后日本获取效益的领域之一。像日立、东芝、三菱重工、川崎重工等日本企业的盈利重点都是基础设施。日立在欧洲、亚洲获得大量高速铁路项目，东芝及三菱重工在海外频频拿到发电厂建设项目订单，此外，日本企业还参与项目的运营、管理、维修保养以及更新业务等。今后社会基础设施开工项目最多的地区恰恰是在“一带一路”沿线上。此外，在基础设施建设项目中，中日两国可以共同开发合作。将中国的价格竞争优势与日本的工程、运营管理技术优势相结合，形成合力走出去。例如，在高铁领域，中国在车厢、铁轨、桥梁建设等方面具有优势，而日本在车辆的牵引系统、制动系统等核心部件制造以及高铁运营、管理等方面竞争力强，双方可以实现优势互补，共同承担高铁建设工程。

第三，中日两国加强海上安全合作。以马六甲海峡为中转的亚—非—欧路线是日本海上商贸的主要通道，日本也希望确保该通道的安全与稳定。以海上丝绸之路规划为背景，中日两国完全可以在从日本到西亚地区的广阔海域上，打造出利益共享的安全和平合作机制。通过完善各主要港口的公共设施建设，形成新的海上基建回廊，从而形成支撑经济发展的海上物流大动脉，实现利益共享。而这一切有赖于中日两国的相互合作而不是拆台。日本有社会基础设施方面的技术，有经营亚洲开发银行的经验，现在唯一缺乏的是，与亚洲国家，特别是中国共同建设一个互利共赢、经济不断发展的地区之意愿。

日本为了推行所谓的牵制中国的价值观外交，不顾日本企业的特点和自身经济利益，放弃在亚洲推进项目的意愿，终将得不偿失，有损国益。近来，日本政府在态度上似乎出现了些许微妙的变化。3 月 22 日，日本副首相兼财务大臣麻生太郎一反只强调亚投行各种风险的态度，忽然表示：“条件成熟的话，可以考虑加入亚投行。”官房长官菅义伟和外长岸田文雄也开始使用“慎重考虑”一词。而在日本学术界和企业界，积极冷静的声音更加强烈。日本国际贸易投资研究所首席经济师江原规由就认为，“一带一路”战略对于日本企业来说是不可错过的机会。中日两国都与东南亚、太平洋地区有着密切的经济合作，如果能集合两者之力，共同发展将是利好之事。今后，中日企业联合投资“一带一路”沿线国家值得期待。以三菱公司为代表的部分企业也对参与“一带一路”建设表现出浓厚兴趣，较为关注“一带一路”所带来的商机。随着日本经济的恢复和发展，企业活力增强，结合中国内地的广大市场和雄厚的资金实力，中日企业之间可以在更加广阔的领域里开展合作，实现共赢。

四、“一带一路”背景下加强中日经贸合作的建议

中国对日本当前就“一带一路”的反应不必过于期待，但可积极布局，静观其变，等待日本出现态度转变。对此，中国可参考实施以下对策：

第一，鉴于日本产业界和经济界对“一带一路”构想持积极态度，中国可以有针对性地邀请日本财经界、商界领袖来华访问，向他们介绍中国“一带一路”的战略构想，消除疑虑困惑，重点宣传“一带一路”战略如何为日本企业制造商机，为日后中日合作铺路。在微观具体操作层面，中国有必要从日本国内政治利益角度出发，使中日合作领域尽量贴近日本内部力图实施改革的议题，使外部合作被日本内部有效借用，从而增加合作的必要性和可行性。无论是“一带一路”还是亚投行，我们有必要细致研究如何令中国的战略构想和日本国内正在推行的政治经济改革的某些特定领域产生共鸣和契合，令中国在向日本推销“一带一路”构想的过程中事半功倍。

第二，加强中日两国之间在经济、文化和民间等多领域、多层面的交流，增进理解，加强互信。通过交流缓解紧张、对立、抵触情绪，增加相互认同感和亲近感，通过交流打开合作的大门。充分借助日本国际贸易促进协会、中日投资促进机构、日本商工会所、日本贸易振兴机构、中日经贸中心、中日经济协会等团体组织。与其建立良好合作关系，加强交流和互动，依托他们向日本企业界积极宣传“一带一路”构想，并邀请日本企业参加“一带一路”相关推介活动和研讨会，争取让日本企业界影响日本政府决策，在日本企业干涉政府的例子比比皆是。

第三，日本消极对待“一带一路”和亚投行的原因之一就是担忧其组织管理问题、不透明、易滋生腐败。这确实是中国所面临的现实问题，如果这些问题得不到很好解决，不仅日本，欧洲国家、韩国、澳大利亚等也会提出质疑，不利于“一带一路”倡议的有效推进，所以中国必须致力于这些问题的解决，构建一个公正、透明、合理、有序的管理体制和合作平台。同时，中国还需要积极转变政府职能，改善营商环境。遵循国际惯例的要求，建设法治政府和责任政府。具体而言，降低申报门槛，简化审批手续，提高工作效率，保持外资政策的连续性、稳定性、一致性和透明度，避免朝令夕改；加快社会信用体系建设，健全政府、企业与个人诚信体系；减少政府对经济活动的微观干预，将政府工作重心转移到加快基础配套设施、物流平台、公共信息平台等服务体系建设上，同时，通过改善和加强市场监管，为外商提供有基本信用的、可预期的、公平竞争的制度环境；重点提升执法水平，提高知识产权保护力度。为中日经贸合作创造有利条件，解除日本企业的后顾之忧。

第四，加速推进中日韩自贸区谈判进程。由于中日关系持续紧张等原因，中日韩自贸区谈判一直没有取得实质性进展。但随着中韩自贸区谈判完成，日方压力陡增。中韩自贸协定一旦签订，在汽车、电子及家电产品等日韩企业竞争激烈的领域，日本企业将面临极为不利的局面。我们应抓住这一时机，加快推进中日韩自贸区谈判，争取早日取得突破。中日韩自贸区一旦建立，货物贸易、服务贸易将大幅降低关税，投资开放范围和领域将进一步扩大，这将为日本企业进入中国提供更便利的条件，更公正、平等、优惠的待遇，增加两国利益共同点和合作范围，有利于中日两国在“一带一路”战略下的合作。

东北高铁发展概况及前景展望

吕　平*

2015年3月28日，国家发改委、外交部、商务部联合发布了《推动共建丝绸之路经济带和21世纪海上丝绸之路的愿景与行动》，确定了相关规划的战略目标，即“致力于亚欧非大陆及附近海洋的互联互通，建立和加强沿线各国互联互通伙伴关系，构建全方位、多层次、复合型的互联互通网络，实现沿线各国多元、自主、平衡、可持续的发展”。在此基础上，文件明确了全国主要经济区域在“一带一路”战略规划中的作用和任务，要求发挥“内蒙古联通俄蒙的区位优势，完善黑龙江对俄铁路通道和区域铁路网，以及黑龙江、吉林、辽宁与俄罗斯远东地区陆海联运合作，推进构建北京—莫斯科欧亚高速运输走廊，建设向北开放的重要窗口”。

由此可见，发展铁路交通是东北地区参与“一带一路”建设，与周边国家实现互联互通的重中之重。纵观中外历史，交通运输条件改善普遍会对所在区域经济发展带来推动作用，带动经济结构转型、升级。进入21世纪后，东北亚地区高速铁路建设异军突起，引导现代经济浪潮向欧亚大陆腹地推进。高速铁路定义各国解释多有差异，而根据国家铁路局相关资料，中国高速铁路线路

* 吕平，任教于大连外国语大学国际事务与国际关系教研室，兼任东北亚研究中心及中日韩合作研究中心主任助理。

主要由两部分组成：时速超过200公里的既有铁路线路；时速超过250公里的“高速新线”。继日本之后，韩国（仁川—釜山、首尔—木浦）、中国台湾（台北—高雄）分别建立起联系主要城市的高速铁路网络。截至2014年年底，中国国内时速达200公里以上的高速铁路新线运营里程已经达到19369.8公里，占全球高速铁路运营里程的50%以上。依托中国高速铁路的迅猛发展，东北亚地区已超越欧洲成为世界高速铁路网络最为密集的区域。

相较其他参与“一带一路”建设的区域，东北地区铁路建设基础较好（各地级市、重要县级市均可通过铁路联通），且起步较早（2003年秦沈客运专线建成，为国内首条高速铁路客运专线），国家政策倾斜度较高，可以为东北地区参与“一带一路”建设起到引领作用。当前，东北地区高速铁路网络化发展已取得诸多成就，哈大高铁已成功运营近三年，沈阳、哈尔滨铁路局已积累了一定的高寒地区高速铁路运行、运营经验，盘锦—营口联络线沟通连结起哈大、秦沈高铁，使沈阳铁路局具备进一步推进高速铁路运营网络扩展的能力。以哈大客运专线为例，哈尔滨至大连夏季运行需时已由十小时缩减到四小时以内，东北主要四个副省级城市沟通便利程度大幅提高。

2015年成为东北地区高速铁路网络初具雏形的关键年，沈阳—丹东客运专线、丹东—大连快速铁路线路、吉林—珲春客运专线、哈尔滨—齐齐哈尔客运专线全部实现通车运行；北京—沈阳客运专线、哈尔滨—牡丹江客运专线、长春—白城铁路扩能改造也适时开工。预计2019年东北地区将实现“一纵三横两斜”的高速铁路运营网络，主要地级市均可通过高铁互联的新式交通格局，铁路运能将获得极大提高。值得注意的是，横向线路修建使高速铁路得以接近中俄、中朝、中蒙边境，对实现东北亚各国互联互通具有重要的助推意义。

然而，东北邻近各国国情迥异、经济发展水平差距较大，一定时期内与国内高速铁路对接尚有难度。东北地区与邻国联系的铁路线路呈现出两大问题：

第一，既有国际联运铁路运力、需求有限，与国内高速铁路对接尚有难度。客运方面，以中朝铁路联运为例，2010 年中朝俄铁路联运终止后，2013 年中朝铁路联运客流仅有 9 万人次，远不足以满足高速铁路需求。货运方面，由于二连浩特到天津港铁路运力有限，每年仅能帮助蒙古国将几十万吨货物出口到其“第三邻国”。目前，东北地区主要承担国际联运的线路均未完成电气化改造进程，电气化改造不仅意味着机车拉载动力大幅提高，且持续运行车速亦达到内燃机车的两到三倍。中朝铁路联运方面，沈丹铁路已有客运专线建设计划，短期内对原有线路进行电气化改造的可能性有限。中俄铁路联运方面，滨洲线（哈尔滨—满洲里）电气化工程 2014 年 10 月方才启动，预期 2017 年方可完工；滨绥线（哈尔滨—绥芬河），绥芬河至牡丹江路段电气化改造预期 2016 年完成，而牡丹江至哈尔滨段亦因客运专线修建，原有路段电气化改建短期恐难启动。而中蒙铁路联运方面，集宁—二连浩特铁路扩能改造业已启动，但蒙古国对与东北地区铁路联系线路（乔巴山—阿尔山铁路）至今未有回应。

第二，东北亚各国运行标准不尽一致，联运便利性有待提高。以铁路路轨距离为例，中国和朝鲜采用国际标准轨距，即 1435 毫米标准轨；俄罗斯和蒙古国采用 1520 毫米宽轨轨距。轨距标准差异意味着既有国际联运机车、货车、客车抵达满洲里、绥芬河、二连浩特后必须更换转换架。以中俄铁路联运的 K19 次列车为例，车辆抵达满洲里口岸后，仅更换转换架一项就需三小时，客货运便利颇受影响。东北地区既有国际铁路联运肇始于俄日争雄的清末时代，成熟于社会主义阵营形成的 20 世纪 50 年代，对邻国安全威胁的忌惮成为驱使各国采用不同运输标准的内在动机。显然，这种顾虑与当前东北亚各国相互建立全面战略合作关系的现实相距甚远，中国应在“一带一路”建设过程中着力解决相关问题。

从全国格局而言，东北地区偏居一隅，人口与经济规模实难与东部沿海省份一争高下。然而，若从东北亚区域层次审视，东北地区自20世纪以来便始终为地区霸权执牛耳者军事、政治经略的要冲，亦是区域主导国家驱动地区资源整合的核心地带。究其实质，东北突出的地缘位置以及陆海交汇的地貌特征，辅之以丰富的自然资源及充沛的劳动力便于区域主导国自大陆纵深进出陆海交错地带。而在这一过程中，铁路的延伸对东北地区开发作用尤为重要，东北地区形成了全国最为密集的铁路网络。当前，东北地区人口近1.2亿，经济规模业已突破1万亿美元大关，实应在国家“一带一路”建设中发挥更大作用，在中国整合东北亚区域资源进程中走出老工业基地振兴的新路。

与西部、南部各省积极推动的陆海丝绸之路经济带相较而言，东北地区参与“一带一路”北段的优势主要体现在以下三方面：第一，北段沿线国家数目较少，便于协调，且各国对其国内政治控制力较强，可以保证交通沿线整体安全；第二，北段沿线国家铁路基础较好，社会经济发展程度较高，民众接受高速铁路的可能性较大；第三，沿线国家普遍与中国建立起良好的伙伴关系，合作关系稳定，有利于“一带一路”建设的持续推进。

与此同时，东北地区依托高铁经济发展参与“一带一路”建设也存在着一些不可忽视的问题。从内因审视，东北地区长期受计划经济体制束缚，经济活力较差且政府主导性过强，以致“诸侯经济”积习尾大不掉，“关门打狗”案例不绝于耳，“朝令夕改”现象屡见不鲜。加之气候等自然因素，当地民众创业积极性低迷，域外商人视之直若危途，“以脚投票”引发东北劳动力持续外流，进而限制高速铁路市场需求。为发挥高铁经济的实质效用务必从机制变革入手，改变既有机构本位主义，实现“技术创新，思想先行”。

有鉴于此，东北地区依托高速铁路与“一带一路”建设对接长期目标应立足于打造以哈大铁路为主干，以邻近诸国边境城市为终点的东北亚高速铁路经济带，充分发挥东北地缘优势，整合周边国家资源，营造新的国家经济增长区域。为使东北地区高速铁路建设更好地服务于“一带一路”，国家应着眼打破各省“等靠要”思维，突出机制协调作用，短期内推进以下四方面任务，着力突破陆上开放瓶颈。

第一，指导东北四省区持续推进行政首长联席会议，并将服务于“一带一路”与周边国家互联互通纳入相关议题；东北四省区行政首长联席会议是2009年发展改革委员会倡导，由辽宁、吉林、黑龙江、内蒙古四省区行政首长参加，旨在共同应对发展问题、矛盾，避免条块分割、产业发展重合的协调机制。然而，时至2013年内蒙古承办第四次联席会议后，该机制却未能延续。从四省区对外开放的整体战略规划来看，各省区经济总量虽已超过韩国，却基于地域本位主义，制定了四套对外经济合作战略，条块化分割无疑是限制东北经济整体对外开放效应的最大滞碍。“一带一路”建设涉及东北四省区整体对外开放格局，国家应加大对四省区对外经济合作发展指导力度，敦促各省尽快恢复首长联席会议机制，根据周边国家经济发展实际情况及其与中国的关系状态，阶段性地突出经济合作重点方向，针对东北亚地区安全局势多变，国与国合作关系敏感的特性，更好地服务于“一带一路”北段建设。

第二，建立沈阳铁路局、哈尔滨铁路局工作协调机制，统筹东北边疆区域铁路建设工作；沈阳铁路局地跨辽宁、吉林、内蒙古、河北四省区，哈尔滨铁路局则主要统辖黑龙江以及内蒙古呼伦贝尔盟铁路运输，铁路运管机构打破省域界限难度较低，两大铁路局通力合作对保障哈大客运专线的平稳运转起到了积极作用。不过，考虑到未来高速铁路线路与周边各国连接工作的复杂性，两局在高铁运输稳定性、便利性协作方面仍有一定提升空间。例如，哈大客运专线仅2015年5月就两次发生大规模晚点事件；又如，哈尔滨铁路局动车组至今未能安排进入哈大铁路终点大连站停靠。在未来东北高速铁路修筑计划方面，两局应分享高寒地带高速铁路运管经验，不必套用关内人口稠密地区修筑客运专线故事，规划客货混运的快速铁路，尽可能减少彼此协调难度，为对接俄蒙朝铁路奠定基础。

第三，引导大连、长春机车厂协同区内科研机构考察西班牙、日本可变轨距列车发展，推动国产相关项目攻关。综合来自俄罗斯和蒙古国的新闻报道，两国在可预见的未来调整轨距的可能性不大，东北高速铁路与周边国家对接必须在思路上有所调整，在此背景下可变轨距列车的意义不可忽视。早在2010年西班牙便完成可变轨距列车测试，以便适应国内轨距调整状况，现已投入使用。2014年日本已成功实验成功时速为270公里的可变轨距列车，可在1067毫米与1435毫米轨道间快速穿梭，计划于2020年投入使用。结合东北与外部沟通实际需求及国家发改委2014年、2015年振兴东北发展轨道交通之意向，应提升研发高寒地区可变轨距高速列车之战略意义，以技术突破带动东北外部交通联系瓶颈之突破。

第四，积极建议中央考量将中日韩合作与“一带一路”北段工程建设相联系，开拓中俄韩、中俄蒙、中俄日陆海联运市场。值得关注的是日本、韩国都曾经在其经济腾飞期间为拓展经济合作空间提出过复兴丝绸之路的倡议。考虑到欧洲经济合作步履维艰，美国经济复苏有待观察，挖掘亚洲大陆腹地经济潜力，强化与新兴工业化国家经贸联系已成为中日韩的共同诉求。“一带一路”北段建设与韩国“欧亚倡议”路线有所重叠，国家可以打造大连“东北亚陆海联运”中心，针对以中俄蒙海陆联运对接锦州港扩能规划，以中俄韩陆海联运对接丹东港扩能规划，针对中日俄陆海联运市场，支持境外符拉迪沃斯托克和罗津港改造。多边合作开展不仅可以为东北高速铁路运转提供充足的市场需求，亦可以高铁线路为渠道，为东北地区经济发展引入更多的市场经济“活水”，以对外开放倒逼地方政府职能变革，达成深化改革的攻坚目标。

“一带一路”建设中的韩国关注与韩国因素

宋琳琳[*]

一、中国“一带一路”建设的基本内涵与中韩经贸现状

（一）中国“一带一路”建设的基本内涵

中国国家主席习近平在2013年9月访问哈萨克斯坦期间宣布了“丝绸之路经济带”构想，并于次月在印度尼西亚国会的一次演讲中宣布了“21世纪海上丝绸之路”构想。“一带一路”旨在为中国提供能源和新市场，也意在把中亚、东盟（ASEAN）及印度洋地区的国家整合进“中国梦”。这一计划将会得到亚洲基础设施投资银行（AIIB）的支持，它将在2016年开业，有57个来自世界各地的创始会员国，中国已经承诺提供500亿美元的启动资金。

中国的愿景包括能源管道、铁路、海港设施和物流枢纽的网络，具有明显的商业利益，但也有着重大的地缘政治意义。外界有观点认为，中国似乎有两个明确目的：从外部来看，就是恢复其历史上的影响范围；从内部来看，就是通过加强贸易和更广泛的经济发展来创造就业机会，并以此来应对收入不平衡。

* 宋琳琳，黑龙江省社会科学院东北亚研究所，讲师。研究方向为东北亚区域经济及国家关系。

（二）中韩经贸现状

近年来，韩中两国交往密切，2013 年韩国总统朴槿惠访华，2014 年中国习近平主席访韩，中韩两国建立起战略合作伙伴关系。2014 年，双边贸易额达 2300 多亿美元，为建交时的 36 倍；人员往来突破 3000 万人次。自 2014 年开始，中国已经成为韩国最大的贸易伙伴、出口市场、进口来源国和海外投资对象国。2015 年，中国的“一带一路”倡议全面实施和中韩两国自由贸易协定的签订，更是为中韩经贸快速发展提供了新的发展思路和制度框架保障。

韩国 2015 年一季度的 GDP 增长不足 1%，这一状况已经持续了四个季度。同时，近乎停滞的经济发展状况，还不断受到日元贬值带来的竞争压力以及中国经济增速进入新常态等外部因素影响，韩国经济亟待走出困境。由此，韩国特别关注中国的“一带一路”建设构想，因为这对于韩国来说可能也意味着是一个机遇。中国已经是韩国第一大贸易伙伴，中韩自贸协定的成功草签，“一带一路”有助于韩国扩大与“一带一路”沿线国家的经济合作，也将为“一带一路”沿线的自贸区建设提供范本。简单地说，就是韩国的产品可以通过“一带一路”东端的连云港一直运送到西端，即中亚的哈萨克斯坦等国。

二、韩国对于“一带一路”建设的关注和态度

（一）韩国对于“一带一路”建设的关注

中国“一带一路”建设构想提出之初，韩国各界就表现出极大关注：他们关注什么是“一带一路”；中国各地政府对之是如何解读的；中国的邻国如何看待；对韩国企业会有什么影响。韩国政界、企业和学界从各个角度展开了对这一问题的研究和探讨。

2015 年 4 月 12 日至 5 月 1 日，韩国《中央日报》和韩国贸易协会的四人采访组，沿着“丝绸之路经济带”路线，探访了四国

八市，即中国的连云港、郑州、兰州、乌鲁木齐、霍尔果斯，哈萨克斯坦的阿拉木图，吉尔吉斯斯坦的比什凯克，乌兹别克斯坦的塔什干。这是韩国首次就中国“一带一路”建设展开专门调研采访。采访结束后，韩国《中央日报》推出了系列文章，集中报道了“一带一路”建设对韩国的积极影响。文章认为，中国与“一带一路”的沿线国家已形成紧密的产业链和经贸合作，这些建设与韩国息息相关，使韩国多了一个通往欧洲的新选择。

韩国汉阳大学学者文兴镐认为，“一带一路”为中国经济增长提供新动力，也有助于中国扩大影响力。他希望“命运共同体”能够成为“一带一路”战略推进中的基本精神。“一带一路”使韩国可以有机会与中国一起参与东南亚、中亚、中东等地区的经济开发，共建地区和平与繁荣。

《中央日报》中国研究所的韩友德认为，“一带一路”构建的从连云港出发，途经乌鲁木齐和哈萨克斯坦阿拉木图的亚欧铁路可为韩国提供一个非常好的物流通道。同时，韩国作为亚投行意向创始成员国之一，可以积极地参与到与“一带一路”有关的中亚、东南亚、中东等地区的基础设施建设项目当中。

韩国贸易投资振兴公社中国事业团朴汉真表示，通过参与“一带一路”，韩国企业可以在社会间接资本建设市场上发挥作用，不仅可以参与建筑领域，还有望进军运输、旅游和物流等领域。

韩国东北亚历史财团秘书长石东演谈及“一带一路”时表示，这是中国发展对外经济的综合战略，是和平时代追求双赢、对接国际社会与中国国内需求的卓越的战略设想，在政治、安全、经济、通商等多方面都将得到很高的评价。

韩国外国语大学教授黄载皓表示，韩国依赖中国经济，也加入了亚投行。中国要成为未来的趋势和崛起国家，除了经济利益外，还要提出公共利益、公共秩序以及新的规范，甚至哲学构想，才能有更多共用。2015 年，朴槿惠总统在新年致辞时也谈到韩国现在的首要任务是恢复经济和韩朝关系的改善，而“一带一路”

对于这两个方面都有很大的帮助。

（二）韩国对于“一带一路”建设的态度

韩国对于“一带一路”建设的认识。在韩国，关于“一带一路”的认识呈现两极分化：涉及经济、产业利益的一方，以韩国铁路公司（KORAIL）为例，普遍积极支持韩国参与“一带一路”和更加紧密的对华经济互动。“一带一路”能够很好地契合朴槿惠总统提出的“欧亚倡议”，并通过与富含能源的俄罗斯及欧洲和中亚的消费市场之间更好的联系来为韩国获取重要的商业利益。他们乐观预见，中韩之间减少贸易壁垒的前景、先进的交通基础设施，以及政治风险的可管控性。

而韩国亲美人士则担心，“一带一路”的政治风险太高。他们对实施“一带一路”的可行性抱有疑虑，并且警告：尽管“一带一路”被描述为经济事物，但它也反映了中国的重要地缘政治战略。他们惧怕中国正在增长的地区优势，担心“一带一路”最终变成排挤目前占主导地位的美国主导的安全结构的一个手段，使中国成为该地区唯一有决定性影响的大国。

韩国对于“一带一路”建设的诉求。据韩国银行（央行）在2015年4月30日发布的初步核算数据显示，2015年第一季度GDP环比增长仅为0.8%，增速连续四个季度低于1%。2014年5月，韩国金融监督院和金融信息机构FnGuide公布的资料显示，2013年韩国十大集团企业税前利润下滑近15%。2014年三星电子净销售额创下八年来新低，在中国的净销售额跌幅为17.7%，是典型例证。市场普遍担忧韩国经济是否会陷入日本式长期疲软。日元贬值对韩国经济来说也是一大负担。目前韩国出口前100位的商品中，有55种与日本重叠，日元贬值导致其商品的相对竞争力上升。据统计，日元对韩币的汇率每下降5%，韩国出口就会减少1.14%，同期经济成长率则会下降0.27%。在目前进出口数据均不佳的前提下，韩国对“一带一路”最大的希望，是将其作为经济恢复和发展的动力。目前韩国的外贸依存度超过100%，希望借助“一带一路”战略来寻找促进贸易的办法。

从现代经济发展的初期开始，韩国主要依靠美国主导的西方阵营所提供的公共物品来推动其“贸易立国”政策。目前经济不景气，韩国对美国提供公共物品的有效性产生了质疑，这与对中国“一带一路”战略的关注是一脉相承的。“一带一路”战略正是中国向世界提供公共物品的尝试，提供那些具有很强跨国界外部性的商品、资源、服务及规章、政策体制。国际货币基金组织（IMF）驻华首席代表李一衡公开表示，韩国在中国投资已经全面覆盖了制造业和商贸业，而在国家基础设施、资源开发、产业合作和金融合作等与互联互通有关的项目中，还有很大的投资盲区有待突破，中国“一带一路”战略的实施无疑给韩国对华投资拓展了新的领域。

韩国对于“一带一路”建设的担忧。尽管“一带一路”带来的利益诱人，韩国也依然不无戒心：韩国特殊的地缘政治情况给经济政策造成了很大的影响。经济上中国已成为韩国的第一大伙伴国，但安保上，韩国却严重依赖美国的军事力量。这种“双重户籍”的现象使韩国很难独立地决定自己的政策，而中美关系的未来走向与韩国的国际政治经济政策具有很大的相关性。从目前的情况看，中美关系的未来发展可能会面临两种情况：第一种如美国斯坦福大学国际关系教授克拉斯纳所说，由于霸权国家的存在是世界贸易结构稳定的基础，而中美两国的竞争可能会破坏这种稳定的基础，那么韩国将对“一带一路”保持相对克制的态度，不会积极参与。第二种情况则如哈佛大学法学院教授费德曼所说，未来世界是基于中美两国的合作与引领，两国在这种反复的竞合关系中塑造未来的国际秩序。

在这种情况下，韩国将努力发挥自己中等强国（middle power）的优势，在中美之间发挥平衡作用，并在这个过程中争取最大的国家利益，“一带一路”是个好抓手。目前中美关系的发展存在很大困境，但双方在经济、环保、反恐等全球治理领域存在很多共同利益和目标，也已经建立了许多对话和危机管理机制来管控传统风险。因此，从韩国的角度出发，“一带一路”战略的发展有利于强化韩国在地区大国之间主动性的发挥，并借此塑造地区发展和稳定的局面，这与韩国的经济发展是密切相关的。

韩国使用中国“一带一路”所提供的公共物品，也要付出相应的成本。50 多年来使用美国提供的公共物品，虽然付出韩美两国之间不均衡关系和积极协助美国东亚政策的代价，但这的确推动了其经济的高速发展，社会不满也较少。如果韩国积极参与中国的“一带一路”战略，韩国能否得到更多的利益是韩国人担心的一个重要环节。同时，韩国的政治经济地位和“一带一路”沿线的其他国家有明显区别。中亚、南亚和非洲地区的发展中国家总体经济发展水平不高，利用公共物品时承担的费用或机会成本较小。而欧洲的发达国家则可以欧盟为基础，在“一带一路”战略中发挥一定水平的主动力量。反观韩国，它不仅可能要承担较高的费用或机会成本，而且很难发挥足够的主动力量。

三、中韩对接“一带一路”建设的方式与重点

（一）中韩对接“一带一路”建设的方式

以建立“利益共有”概念为前提。有学者认为，为了推进韩国与中国“一带一路”战略的平稳对接，中韩之间应产生新的利益，即一种“利益共有”。韩国既能确保起码利益，也能确保“一带一路”所提供的公共物品的有效性。相比较于对日本人、美国人、欧洲人的态度，韩国人对中国人的反感相对更少，因为从封建时代开始，通过中国的力量增强韩民族的力量，是韩国历史基因中与生俱来的东西。在中韩围绕“一带一路”战略展开合作时，可借此推动“协同发展、分享利益、合作安全、改善民生、获得民心”为核心的“王道主义外交”。

紧密结合产业、交通、安全等问题。在产业贸易链方面，中韩可努力探索合作空间和互补潜力，以中韩自贸协定的签订为契机，推动产业整合和市场互联。而在交通链方面，中韩铁路轮渡计划将进一步贯通延伸中国的东西铁路运输，推动形成亚欧运输大通道。在金融链方面，韩国是中国重要的货币互换伙伴、货币结算伙伴、货币交易伙伴和货币清算伙伴，可以说是“一带一路”战略和中国人民币外交的重要一环。安全链则是“一带一路”战略的支撑。朝鲜半岛是东亚地区不稳定的重要根源之一，中国推进“一带一路”，有利于将朝鲜融入地区发展与合作的进程中来，逐步推动建立地区的安全共同体。

（二）中韩对接“一带一路”建设的重点

当前，中国和韩国在“一带一路”建设的对接方面，已经找到了六个重要的契合点：

一是中韩自贸协定（FTA）和中国“一带一路”建设。作为中韩经贸合作的标志性事件，2015 年 2 月 25 日，中韩双方完成中韩自贸协定全部文本的草签，并对协定内容进行了确认。至此，中国迄今为止涉及国别贸易额最大、领域范围最为全面的自贸协定谈判全部完成。中韩自贸协定签订的目的是消除贸易壁垒，实现中韩两国市场的联合，中韩自贸区对整个东北亚地区经济发展都将起到刺激和带动作用。中韩自贸协定的签署，将在提升两国双边经贸水平的同时，助力韩国拓展海外市场。此外，中韩两大经济体缔结自贸协定，也将推动亚洲区域自贸进程的发展，将在提升两国双边经贸水平的同时，助力韩国拓展海外市场。此外，中韩两大经济体缔结自贸协定，也将推动亚洲区域自贸进程的发展。

二是韩国的“欧亚倡议”和中国“一带一路”建设。2013 年 9 月，韩国总统朴槿惠宣布了她颇具争议的“向北看”政策，该政策最突出的部分就是“欧亚倡议”。这一倡议包含多项建议，为的是通过在欧亚大陆开发新市场、创造新经济伙伴来克服目前存在的限制。这一倡议却与中国的“一带一路”相吻合。“丝绸之路铁路快运”目前还是一个旨在鼓励人员、文化、贸易和外交交流的铁路计划。朴槿惠的“欧亚倡议”将为补充俄罗斯的计划而在韩国东北部提供投资，就像俄罗斯天然气公司建立的“北方能源之路”和中国开发朝鲜罗津港的“长吉图发展计划”一样。

三是韩国“黄海—丝绸之路”和中国“一带一路”建设。当前，韩国政府决定研究不经过朝鲜连接中韩铁路的方案，其中包括中韩黄海铁路轮渡项目，即将韩国列车运过黄海后与中国铁路连接，进而通过中国铁路网进入欧亚大陆铁路运输体系。韩国国会传出的消息称，韩国外交部提交的预算中，有3.5亿韩元用于研究该方案。其中已经初步清晰的是“黄海—丝绸之路”构想，这一构想把韩国西部城市与中国山东省威海市以火车轮渡或隧道相连接，进而打通欧亚大通道的构想。这恰恰与中国的“一带一路”构想不谋而合。

这表明，韩国很关注“一带一路”构想的进展，并希望早日实施。韩国注意到，中国在实施相关举措时，采取了放低姿态，行事低调的方式，否认自己会称霸，向西部快速前行的中国高铁就是一个象征。但也注意到，中国通过“一带一路”，完成强汉盛唐复兴的梦想并不会因此而消失。因为这正是贯通“中国梦”和“一带一路”的哲学。

四是中韩盐城产业园合作与中国“一带一路”建设。盐城是“一带一路”和长江经济带的连接点、江苏沿海中心枢纽。2015年6月1日，中韩自贸协定在韩国首尔正式签订，中韩盐城产业园被确定为中国方面重点对韩合作园区，并写入中韩自贸协定及相关配套文件。6月17—18日，中韩盐城产业园亮相由韩国产业通商资源部主办的“2015韩国企业海外投资大典”，并作专题推介。“盐城与韩国一衣带水，一直将韩国作为扩大开放的重点区域和优先方向，已累计落户韩资企业超千家，总投资50多亿美元，其中投资超亿美元的2家，韩国成为盐城最大的外资来源国和贸易合作国。”韩国元素已经成为盐城最鲜明的地域特色，目前有逾万名韩国人在盐城工作生活，韩国文化印迹随处可见，韩国元素融入盐城大街小巷，盐城成为许多韩国人的“第二故乡”。

五是韩国“新万金”开发项目与中国“一带一路”建设。“新万金开发”是韩国最大的填海造陆工程，全长33.9公里的新万金海堤已经正式完工，为世界最长，被称为“海上的万里长城”。在海堤围起的409平方公里（内部土地291平方公里、淡水湖118平方公里）海面上，将建设一座集产业开发、观光娱乐、国际商务、城市文化等多种功能于一体的综合性城市。新万金海堤已完工，但是作为规模庞大的项目，需要从国外招商引资。在此情况下，“一带一路”被视为新万金开发项目的新机遇。专家们认为，中国政府的“一带一路”和韩国政府的欧亚计划初衷很相似，因此连接“一带一路”、欧亚计划、新万金开发具有较高的可行性。

六是“中国西部与韩国经济合作洽谈会”与中国“一带一路”建设。“共建丝绸之路经济带中国西部—韩国经济合作洽谈会”于5月25日在西安曲江国际会议中心举行，会议由陕西省政府、韩国驻西安总领馆、大韩贸易投资振兴公社共同举办。洽谈会主要是为加强中韩双方交流，增进彼此了解，促进双方合作而搭建的重要平台，并就大家关心并关注的“丝绸之路经济带”建设、中韩自贸区、亚投行等热点话题邀请中韩双方有关专家进行专题演讲，同时开展有关园区的专题推介和企业间的投资贸易合作方面的项目互动交流和现场对接洽谈。

结　语

需要注意，虽然从经济上来说，中韩两国已经是不可或缺的伙伴，双方从这一关系中获益巨大，并在“一带一路”建设中找到了诸多的契合之处。但是，目前的中韩战略合作伙伴关系，并不足以应付韩国加入中国“一带一路”建设后将会产生的潜在风险和问题。因此，为了应对这些风险及问题，中韩双方应表现出把经济和政治决定区别开的能力，且该思路需要进一步强化，同时注意考虑美国和朝鲜因素。

“一带一路”与中韩自贸区建设

许 佳 王 皓*

2008年全球金融危机爆发以来，国际战略格局进入了一个新的调整时代。世界各主要经济体都在进行内在的经济体制、结构和制度的新调整和转型，以便让自身的经济和金融产生新的竞争力。2013年9月和10月中国国家主席习近平在出访哈萨克斯坦和印度尼西亚共和国时分别提出建设“丝绸之路经济带”和“21世纪海上丝绸之路”的战略构想，其中特别提出了“贸易畅通”作为国际合作愿景。自贸区的建设正是“贸易畅通”的关键。2015年6月1日，中韩自贸协定在韩国首尔正式签署，两国在投资、金融等领域达成数十个协议。随着地区经济的高速发展，中国和韩国作为东北亚经济一体化加速发展的核心，中韩自贸区的建立对于未来实现整个东亚的自由贸易区有着非同一般的意义。

一、“一带一路”战略与贸易畅通

经过30多年的改革开放，中国成为全球第二大经济体，改革

---

* 许佳，《东北亚论坛》编辑部编辑，研究方向为世界经济；王皓，吉林大学经济学院讲师，吉林大学中国经济共同研究中心助理研究员，吉林大学世界经济博士后。

基金项目：中国博士后科学基金面上项目“‘一带一路’背景下中国与东南亚南亚国家股市联动性研究”。

开放带来了制度和政策的红利；另一方面，通过扩大对外市场开放度，更为全球化提供了发展动力。① 其中突出的表现为：1990 年前后中国产业完成了再工业化的转变；商品供应充裕，人民生活总体上达到小康水平。中国的 GDP 总值于 2010 年底超越日本，成为仅次于美国之后的世界第二大经济体。中国已成为货物出口额居世界第一、进口额居世界第二的贸易大国；连续多年成为吸收外商直接投资最多的发展中国家；从沿海到沿江沿边，从东部到中西部，全方位、多层次、宽领域的对外开放格局已经形成。中国是一个拥有十几亿人口的大国，在改革开放政策下，这个庞大的实际和潜在市场有如一块巨大的磁铁，对世界各国产生了一股强大的吸引力。这种吸引力，加上灵活的的外交政策和务实的外交态度，使中国与其他国家迅速发展起经济关系。②

(一)“一带一路”战略的提出

历经 30 年的高速增长后，以转变经济发展为主线的中国改革更多地触及上层建筑领域及深层次的利益矛盾。制造业产能过剩，服务业明显薄弱和滞后。结构难局未破解之际，人口老龄化、资源短缺、环境破坏、增长不可持续等问题接踵而来。③

习近平主席 2013 年 9 月和 10 月出访中亚和东南亚期间提出共建“丝绸之路经济带”和“21 世纪海上丝绸之路”两大倡议，之后正式写入十八届三中全会的《全面深化改革若干重大问题的决定》当中。“一带一路”贯穿亚欧非大陆，一头是活跃的东亚经济圈，一头是发达的欧洲经济圈，中间广大腹地国家

---

① 王波明：《改革再出发》，中国经济出版社，2013 年版，第 1 页。

② 林住君著，齐欣等编译：《世界著名政治家、学者论邓小平》，上海出版社，1999 年版，第 641—642 页。

③ 李院力：《探寻邓小平创新思维的深层支点》，《吉林工程技术师范学院学报（社会科学版）》，2006 年第 6 期。

经济发展潜力巨大。"丝绸之路经济带"重点沟通三条线路：中国经中亚、俄罗斯至欧洲（波罗的海）；中国经中亚、西亚至波斯湾、地中海；中国至东南亚、南亚、印度洋。"21 世纪海上丝绸之路"的重点方向是从中国沿海港口过南海到印度洋，延伸至欧洲；从中国沿海港口过南海到南太平洋；2015 年 3 月，国家发展改革委员会、外交部、商务部联合发布了《推动共建丝绸之路经济带和 21 世纪海上丝绸之路的愿景与行动》，指出以共建"一带一路"为契机，加快投资便利化进程，消除投资壁垒，加强双边投资保护协定、避免双重征税协定磋商，保护投资者的合法权益。"一带一路"覆盖超过全球 64% 的人口和全球 GDP 的 30%，为务实推进"一带一路"的基础设施建设和互联互通，中国还倡导成立了金砖银行、丝路基金和亚投行。① "一带一路"愿景与行动文件酝酿已久，"一带一路"战略是一个合作倡议，表明中国进一步扩大开放的决心。当前国内经济发展进入新常态，经济下行压力巨大，扩大对外合作有助于促进国内经济增长；同时中国作为一个大国，主动构建合作框架，让全世界国家共同参与，对沿线国家的经济发展也有重要作用。此外，由于中国产业结构不尽合理，区域发展差距拉大，"一带一路"战略有助于沿海地区过剩产能向中西部地区乃至国外转移，有助于提升产业结构，缩小区域差距。"五通"（政策沟通、设施联通、贸易畅通、资金融通、民心相通）是"一带一路"的合作重点。因此，中国与"一带一路"沿线国家的贸易格局及贸易依赖关系，以及各省（市、区）对"一带一路"的出口对拉动其经济增长的贡献值得深入思考。② "一带一路"战略不仅是中国未来重要的外交战略，更是将中国国内和国外相联系的大战略，全面升级"改革开

① 王义桅：《一带一路——挑战与机遇》，人民出版社，2015 年版，第 208 页。
② 蔡昉：《"一带一路"战略主推"飞龙模式"》，全球战略观察报告。

放”。[①] 中国的第一次改革开放使得海岸城市如深圳等发展起来，第二次改革就是要使内陆城市和喜马拉雅山的两边要繁荣发展起来。

（二）“一带一路”倡议中的自贸区建设

推进落实“一带一路”，较为可行的途径是以国内外一些核心区域和重要节点为战略支撑，这些重要节点就是自贸区。在“一带一路”已成为我国全方位对外开放的重要战略部署的环境条件下，促进扩大开放不仅要充分发挥自贸区的作用，而且还与“一带一路”战略有效对接。这样，改进口岸工作政策措施才能抓住龙头，促进扩大开放和外贸稳定发展才能抓出成效。2014 年 12 月，中央政治局会议提出，要优化经济发展空间格局，继续实施区域总体发展战略，推进“一带一路”、京津冀协同发展、长江经济带建设，积极稳妥推进城镇化。事实上，自由贸易区是我国十分重要的对外贸易战略。党的十七大就把自由贸易区建设上升为国家战略，党的十八大提出要加快实施自由贸易区战略。党的十八届三中全会提出要以周边为基础加快实施自由贸易区战略，形成面向全球的高标准自由贸易区网络。“一带一路”倡议的出台，将使中国与沿线国家的自贸区建设将提速。

“一带一路”不仅是一个经济问题，也是在中国崛起过程中的一个大战略。“一带一路”战略将以推动建设自由贸易园区或港区的形式推动经济走廊建设，加快区域经济一体化是“一带一路”建设的基本要求和重要内容。目前，中国正在推进一系列自贸区谈判，逐步构建辐射“一带一路”的高标准自贸区网络。中国已签署自贸协定 14 个，涉及 22 个国家和地区，即中国与东盟、新西兰、新加坡、巴基斯坦、智利、秘鲁、哥斯达黎加、冰岛、瑞士、

① 《中国对外商谈自由贸易协定总体情况》，中国自由贸易区服务网，http://fta.mofcom.gov.cn/。

韩国和澳大利亚的自贸协定，内地与香港、澳门的更紧密经贸关系安排（CEPA），以及大陆与台湾的海峡两岸经济合作框架协议（ECFA）。[①] 与这些国家和地区签订自贸协定，给本国人民带来了不少实惠。比如，中韩贸易协定将让泡菜、韩国护肤品等大部分商品更便宜地进入中国；中国和东盟的自贸协定让榴莲、山竹、火龙果等热带水果不再是奢侈消费，普通百姓也能安心享用；中澳自贸协定让85%澳洲出口中国的商品享受零关税。

值得关注的是，中国商务部在对外援助专题发布会上表示，中国今后将进一步扩大对外援助的规模，并加大对“一带一路”沿线和周边重点受援国的援助力度。“一带一路”将依托沿线基础设施的互联互通，对沿线贸易和生产要素进行优化配置，从而促进区域一体化发展，“一带一路”战略核心要点是东西互济、陆海统筹，而这些节点地区就构成一个大的环路，陆上和海上将来会无缝连接。只要自贸区战略与“一带一路”战略对接，就可形成两大战略的纲与目的关系，即“一带一路”战略为纲，自贸区战略为目，纲举而目张。如果说，“一带一路”是从构建对外开放新格局的战略高度出发，那么，自贸区则是在投资自由化、贸易便利化、金融国际化、行政管理简化（以下简称“四化”）等方面先行先试。

三、中韩自贸区建设成为“一带一路”中贸易畅通的重要节点

在2015年的全国两会上，李克强总理在政府工作报告中指出，“要加快实施自贸区战略，尽早签署中韩、中澳自贸协定，加快中日韩自贸区谈判，推动与海合会、以色列等自贸区谈判，力争完成中国—东盟自贸区升级谈判和区域全面经济伙伴关系协定谈判，建设亚太自贸区，推进中美、中欧投资协定谈判。中国是负责任、

① 《中国对外商谈自由贸易协定总体情况》，中国自由贸易区服务网，http：//fta. mofcom. gov. cn/。

敢担当的国家，我们愿做互利共赢发展理念的践行者、全球经济体系的建设者、经济全球化的推动者。”中国对外开放的方向就是要以自贸区战略为切入口，构建利益共同体。从以周边为基础加快实施自由贸易区战略，过渡到面向全球的高标准自由贸易区网络。

（一）中韩自贸区建设进程

在2012年5月至2013年7月间中韩自贸区（FTA）经过六次谈判，谈判进程不断加快，直至2014年7月4日，习近平主席访韩，与韩国总统朴槿惠就充实和深化中韩战略合作伙伴关系达成广泛共识并发表题为《携手合作，共创未来》的重要讲话，并希望两国将加大自贸区谈判力度，争取在年底前结束谈判；同年9月，中韩自贸区第十三轮谈判在北京结束；11月10日，习近平主席与朴槿惠总统在北京APEC会议期间举行会晤，会上习近平指出“建立中韩自贸区具有里程碑意义，将有力促进亚太区域一体化”。朴槿惠表示“成立韩中自贸区对全球经济复兴和亚洲发展繁荣是重要利好消息”。会后，两国元首共同见证了包括《中韩两国政府关于结束中国—韩国自由贸易协定谈判的会议纪要》在内的双边合作文件的签署。合作涉及金融、电信、电子商务、投资、环境、服务贸易等22章17个领域，届时90%以上的关税将被逐步取消。2014年12月3日，韩国产业通商部发布了《中韩自贸区详细说明资料》，根据该资料，中韩两国为取消敏感产品关税而共同努力，至此，中韩自由贸易区建设进入一个新阶段。

2015年2月25日，双方完成中韩自贸协定全部文本的草签，对协定内容进行了确认，2015年6月1日，中韩自贸协定在韩国首尔正式签署。中韩自贸协定是迄今为止中国对外签署的涉及国别贸易额最大的自贸协定，同时也是中国迄今为止涉及领域最多的自贸协定。目前中韩双边贸易规模已经达到3000亿美元，中韩自贸区的建立将会极大刺激双边贸易。①

（二）中韩自贸区建设进程的必然性

从东北亚区域经济合作视角看，中韩实施 FTA 战略是加速推进本地区经济一体化的必然过程和必然需求。中韩建成自由贸易区，不仅能够加快中日韩自由贸易区的建设，而且将促进东北亚区域经济一体化进程，对东北亚地区的经济发展与繁荣有着非常的意义。

其一，中国与韩国作为亚洲两个重要的经济体，经济密切程度日益加深，但仍存在阻碍贸易的关税和非关税壁垒，极大制约了中韩经贸合作的良性发展，实施中韩自由贸易区将彻底转变这一局面，双方经贸合作将获得战略性提升。一方面，中韩正式建交以来，双方经贸合作经过短短 20 年令世人惊诧的飞速发展，贸易往来成果显著，目前，中国已成为韩国第一大贸易伙伴、第一大出口市场和第一大进口来源地，韩国则成为中国的第三大贸易伙伴、第三大出口对象国和第二大进口来源国。据韩国对外经济政策研究院预测，自贸区协定生效 5 年内，韩国 GDP 有望因此最高提升 1.25%。而中国 GDP 规模已达到了韩国的 7 倍，因此能够承受韩国商品的大规模进入，除中国消费者受益外，也为中国有竞争力的产品开辟了新市场。中方零关税的产品将达到税目的 91%，进口额的 85%，韩方零关税的产品将达到税目的 92%、进口额的 91%，这对两国出口均有推动作用。中韩自贸协定预计将有助于两国双边贸易额突破 3000 亿美元，较 2012 年的 2151 亿美元增长 39.5%。另一方面，自贸区已经成为推动国际贸易及经济发展的一种新方式，亚太地区是全球自贸区建设最活跃地区，所以我们没有理由落后并因此遭受贸易转移效应所引发的负面影响。

---

① 《中韩自贸协定正式签署》，中华人民共和国商务部网站，http://www.mofcom.gov.cn/article/ae/ai/201506/20150600996379.shtml。

目前韩国已与美国、欧盟等世界45个国家和地区签订自由贸易协定，中国也已经签署协议并实施了14个自贸区。这种情况下，中韩实施FTA战略是一种必然选择，双方签署自由贸易协定，不仅能够促进中韩双边贸易的自由化和便利化，扩大双边贸易，而且还有利于减少贸易扭曲、降低企业成本、加强贸易预警、预防贸易摩擦等。①

其二，实施中韩FTA战略将成为中日韩FTA的基础和推动力，能够为尽早形成中日韩自由贸易区提供先期模板和重要经验。中日韩三国作为亚洲三个最大的经济体，地理位置邻近，均为世界级贸易大国，经济联系紧密。中日韩合作启动15年来，三国间贸易额翻了近5倍，中国已连续多年成为日韩两国最大的贸易伙伴，日韩则分别是中国第二和第三大贸易对象国。三国经济利益不断融合，人文交往日益密切。日韩已成为中国重要的外资来源地。但由于政治猜疑、贸易壁垒和不同的投资政策等原因，三国之间的经济互通还不够顺畅，比如中韩分别是日本的第一大和第四大出口对象国，但日本对华出口中的七成和对韩出口的六成都存在关税。三国间的互相投资占三国对外投资总量数据并不理想。而且中日韩之间还未建成任何一个双边自由贸易区，严重制约了本地区制度性合作建设进程。② 然而，由于三国经济水平和贸易环境有较大差异，各国利害关系相互交错，中日韩对于自由贸易协定的看法并不相同，而且在短期内还可能面临三国之间如何实现利益平衡、在各自经济体内部如何实现利益平衡、如何克服非经济因素对自贸区的干扰等问题，所以建立中日韩自由贸易区的进程并不平坦，FTA多边谈判十分困难。因此，优先在谈判难度小于中日、韩日两个双边的中韩FTA上取得突破以带动三边自由贸易区进程，将成为促进中日韩自由贸易区进程的一个有效途径，

---

① 《中韩自贸区释放的内外效应》，《京华时报》，2014年11月25日，第7版。

② 杨平燮：《韩中FTA与东北亚区域合作》，第三届东北亚智库论坛论文集，第12页。

为促进三边 FTA 的形成积累必要的经验，为完善中日韩自由贸易区的外部环境创造良好的条件。①

其三，随着东北亚区域经济内生需求和动力的增强，实施中韩 FTA 战略，促进中日韩自贸区谈判，进而推动东北亚地区经济一体化进程，构建东北亚区域内部市场，将会促使东北亚经济圈实现划时代的整合。中日韩三国所在的东北亚是世界上经济发展最显著的地区，三国经济总量占东亚的 90%、亚洲的 70%、世界的 20%，人口总数占全球五分之一，已超过欧盟，但三国之间的贸易量占三国对外贸易总量并不理想。如果中日韩三国能够完成自由贸易协定的签订，占全球 GDP20% 的世界三大经济圈之一的巨大贸易圈将会诞生。但由于诸多原因，东北亚地区经济一体化进程相对滞后，目前还没有形成像欧盟和北美那样的经济共同体。对于东北亚区域合作，世人已经形成了共识，中日韩三国能否建立自由贸易区将成为东北亚区域经济合作的核心和关键。在东盟已经与中日韩三国签署实施自贸区的背景下，中日韩自贸区谈判开启条件日渐成熟，以中韩 FTA 战略为突破口，如果能够推进中日韩签署自由贸易协定，推动三国经济融合，东北亚各国消除贸易壁垒，扩大区域内市场，就会形成一个拥有 15 亿人，占全球经济总量 1/5、贸易额 1/6 的庞大的经济联盟。从目前看，中韩 FTA 进展顺利；从中期看，中日韩三国自贸区的前景比较乐观；从长期看，东北亚区域经济一体化的未来是充满希望和光明的。②

（三）中韩自贸区建设意义

2015 年 1 月中旬出席中韩经贸论坛的中国国务院副总理汪洋用"开门红"一词表达了对中韩经贸合作的祝愿，他还用"全球

---

① 许佳、牛一：《中韩 FTA 与东北亚区域合作》，《延边大学学报（社会科学版）》，2013 年第 2 期。

② 宋志勇：《中韩 FTA 对东亚区域格局的影响分析》，《东北亚论坛》，2015 年第 1 期。

双边经贸关系的典范”来形容中韩经贸在过去20多年当中的发展。中韩自贸区是两国经贸关系史上的“重要里程碑”。很多方面在中国对外商签的自贸区当中创下“第一位”。中韩自贸协定于2015年6月1日正式签订，这是我国迄今为止涉及国别贸易额最大、领域范围最为全面的自贸协定。中韩自贸协定草签文本有22章，覆盖17个领域，不仅涉及货物贸易，而且包括服务贸易和投资。目前中韩双边贸易规模已经达到3000亿美元。中韩自贸区的建立将会极大刺激双边贸易，五年内贸易规模就会突破4000亿美元。中韩自贸协定签署后，中韩之间所形成的将是一个人口逾14亿、GDP高达11万亿美元的共同市场，这将给中韩间的海运、贸易等领域注入强大活力。①

中韩自贸区的建立，从经济上必将打破原有的格局，中韩充分发挥互补性的作用，经济一体化的趋势加强，将逐渐成为东亚地区的经济核心区，带动整个东亚地区的经济发展，“鉴于中韩贸易额的体量，中韩自贸区担得起样本以及突破口这样的重任”。2014年11月的中国商务部媒体吹风会表示，中国是韩国最大的海外投资目的国，目前韩国对华出口占到其全部出口的26%，而韩国是中国第三大国别出口市场。达成自贸区协定后，经过最长20年的过渡期，中方零关税的产品将达到税目的91%，进口额的85%，韩方零关税的产品将达到税目的92%、进口额的91%，这对两国出口均有推动作用。对于基于自贸框架下的中韩经贸合作发展意义深远。两国自贸协定签署生效后，双方的经贸往来会变得更加便利、规范，给双方企业带来前所未有的新机遇。2014年11月17日，在中韩两国首脑会晤后，中国商务部召开中韩自贸区谈判中外媒体吹风会。中国商务部表示，中国的自贸区战略将配合“一带一路”规划共同推进，商务部正在研究确定65个“一带

---

① 《中国—韩国自由贸易协定》，中国自由贸易区服务网，http：//fta. mofcom. gov. cn/korea/korea_xdwb. shtml。

一路”沿线国家的自贸区战略重点和布局。这一国家层面的自贸区战略将极大促进中国与沿线国家的双向投资。目前就国内而言，各省市也看到了“一带一路”带来的机遇，紧锣密鼓地部署对接中韩自贸区这一超级市场。中韩自贸区最终会选择一些沿海地区“落地”，并成为中韩自贸区先行示范区。①

自贸区已经成为推动国际贸易及经济发展的一种新方式。中韩自贸协定具有重要的战略意义。中韩自贸协定签订的目的是消除贸易壁垒，实现中韩两国市场的联合，中韩自贸区对整个东北亚地区经济发展都将起到刺激和带动作用，这对双边领域承接产业转移都将提升。另外，中日韩作为亚洲三个最大的经济体建立自由贸易区的进程并不平坦，FTA 多边谈判十分困难。中韩优先建立 FTA 在谈判难度小于中日、韩日两个双边 FTA，中韩 FTA 上取得突破以带动三边自由贸易区进程，将成为促进中日韩自由贸易区进程的一个有效途径，为促进三边 FTA 的形成积累必要的经验，为完善中日韩自由贸易区的外部环境创造良好的条件。②

① 中国韩国商会：《2015—2016 在华韩国企业白皮书》，中国商务出版社，2015 年版。

② Li Jiabao. China，Korea start FTA negotiations. http：//usa. chinadaily. com. cn/business/2012 -05/02/content_15190313. htm.

新亚欧大陆桥建设为辽宁带来战略机遇

毕德利　吴沈东*

2013年9月，习近平主席在出席上海合作组织峰会和访问中亚四国时，多次提到积极推进“丝绸之路经济带”建设问题①。在哈萨克斯坦国纳扎尔巴耶夫大学演讲时，习主席首先用“为了使我们欧亚各国经济联系更加紧密、相互合作更加深入、发展空间更加广阔，我们可以用创新的合作模式，共同建设‘丝绸之路经济带’”为开篇语，从政策、道路、贸易、货币、民心等五个方面阐述了“丝绸之路经济带”的作用和发展前景，把“丝绸之路经济带”建设上升为“一项造福沿途各国人民的大事业”。2015年3月5日，李克强总理在政府工作报告中提出，“把‘一带一路’建设与区域开发开放结合起来，加强新亚欧大陆桥、陆海口岸支点建设。”其实，“丝绸之路经济带”的外延是“新亚欧大陆桥”建设问题。目前，国内对新亚欧大陆桥东端起点的提法颇多。北起丹东港，南至厦门港，在中国东部的渤海、黄海、东海等诸多港口都在争当亚欧大陆桥东端的桥头堡。实际上，无论从地理学意义上，还是从已经建成的陆路运输通道上，乃至从地缘经济和地缘政治的角度分析，“新亚欧大陆桥”的重要节点和中国境内的东

---

* 毕德利，辽宁社会科学院低碳发展研究所所长；吴沈东，辽宁社会科学院副研究员。

① 《弘扬人民友谊，共同建设“丝绸之路经济带”》，《人民日报》，2013年9月8日第1版。

端均应是辽宁省境内的丹东市。可以说，“新亚欧大陆桥”与“丝绸之路经济带”建设，将对辽宁特别是丹东带来重大战略机遇。

一、亚欧大陆桥的定义及规划

大陆桥（Land bridge），是指横贯大陆连接两个海洋之间的陆上运输通道，早期是以铁路为骨干的运输通道，现今则包括高速公路在内的陆路骨干运输通道。顾名思义，亚欧大陆桥是指横跨亚洲与欧洲大陆，连接大西洋和太平洋的陆路运输大通道。

（一）亚欧大陆桥中国段的三种提法

国内对业已存在或正在建设和准备建设的亚欧大陆桥的提法和认定颇有歧义，但目前比较一致的提法有三个：

第一亚欧大陆桥。即西伯利亚大陆桥，全长 1.3 万千米，东起俄罗斯符拉迪沃斯托克（海参崴）的东方港，西至俄边界，最后通过欧洲铁路网延伸到大西洋东岸的各个港口。目前这个提法分歧不大。

第二亚欧大陆桥。即与习近平主席提出的“丝绸之路经济带”中的交通运输网络相吻合，是指从中国东部沿海某港口为起点，经陇海和兰新铁路与哈萨克斯坦铁路接轨通往欧洲的新通道，又称“新亚欧大陆桥”。从哈萨克斯坦向欧洲的连接又分为北、中、南三条线路，全长约 1.1 万千米。中国新疆境内的阿拉山口和霍尔果斯铁路，分别于 1990 年 9 月和 2011 年 12 月与哈萨克斯坦铁路接轨，标志着这条通道进入实质性建设阶段。但这个提法目前存在较大争议，焦点主要集中在东端起点的港口地址之争。

第三亚欧大陆桥。这是中国与欧盟和南亚诸国拟议中的新的大陆桥通道。该路桥起点始于以深圳港为代表的广东沿海港口群，沿途由昆明经缅甸、孟加拉国、印度、巴基斯坦、伊朗，从土耳其进入欧洲，最终抵达荷兰鹿特丹港，横贯亚欧 20 多个国家，全长约1.5万千米。

实际上这三个大陆桥的设想均基于联合国泛亚铁路（Trans-Asian Railway，TAR）计划和泛亚公路（Asian Highway，AH）计划。

（二）泛亚铁路计划

泛亚铁路计划的设想始于20世纪60年代初。该计划由联合国亚洲及太平洋经济社会委员会（ESCAP）策划，旨在打造亚欧大陆铁路运输的网络建设。该计划共规划有四条通道：

“北部通道”。连接欧洲和太平洋，途经德国、波兰、白俄罗斯、俄罗斯、哈萨克斯坦、蒙古国、中国至朝鲜半岛的釜山港。实际上与第二亚欧大陆桥线路基本一致。北部通道中国与朝鲜连接的枢纽即为丹东。

“南部通道”。连接欧洲和东南亚，途经土耳其、伊朗、巴基斯坦、印度、孟加拉国、缅甸、泰国，然后进入中国云南，经马来西亚进入新加坡。与规划中的第三亚欧大陆桥计划相衔接。

“南北走廊”。始于芬兰，穿越俄罗斯国土至里海，最后抵达伊朗阿巴斯港。

“东盟通道”。共有六套方案，以便形成连接东盟各国的铁路网络，与“南部通道”相连接。

2006年4月，在印尼举行的亚太经济社会委员会第62届大会上，《泛亚铁路网政府间协定》[①] 获得通过。同年11月，联合国亚太经社（UNESCAP）交通部长会议，就跨政府间协议展开最后阶段谈判。2006年11月10日，泛亚铁路涉及的28个国家中的18个（包括中国）亚太经社委员会成员国代表，在《泛亚铁路网政府间协定》上签字，该协定于2009年6月11日正式生效，标志着“钢

① 《联合国条约汇编》，第22596卷，第46171号。

铁丝绸之路”（Iron Silk Road）的庞大计划正式启动①。

（三）泛亚公路计划

泛亚公路（Asian Highway，AH）计划也是亚洲各国与联合国亚太经济与社会委员会（ESCAP）改善亚洲公路系统的合作计划。是亚洲陆路交通基建发展计划（ALTID）三大工程之一（另外两个为泛亚铁路和促进陆路交通计划）。

有关泛亚公路计划的《亚洲公路网政府间协定》②，在2003年11月18日跨政府间会议上获得通过。2004年4月在中国上海举行的亚太经社委员会第60次会议上，有23个国家签署了协定。到2013年5月，共有29个国家批准了该协议③。

值得注意的是，计划中的泛亚公路1号线（AH1线）是泛亚公路中最长的一条公路，全长20557千米。该路东起日本，经韩国、朝鲜、中国、越南、柬埔寨、泰国、缅甸、孟加拉国、印度、巴基斯坦、伊朗和土耳其，在土耳其伊斯坦布尔以西与保加利亚边境相连，与欧洲公路网相连接。泛亚公路1号线中国与朝鲜的连接点在丹东，丹东也是AH1线的中国起点。

二、亚欧大陆桥现状及推进状况

（一）第一亚欧大陆桥现状

第一亚欧大陆桥建成于1916年，是从远东经俄罗斯太平洋沿岸港口，到欧洲的陆桥运输线，全长1.3万千米。而相应的全程水路运输距离（经苏伊士运河）约为2万千米。从日本横滨到欧洲

---

① 参见联合国亚太经社委员会组织官方网站，http：//www.unescap.org/ttdw/common/TIS/TAR/tar_home.asp。

② 《联合国条约汇编》，第2323卷，第41607号。

③ 参见联合国亚太经社委员会组织官方网站，http：//www.unescap.org/ttdw/index.asp?MenuName = AsianHighway。

鹿特丹，采用陆桥运输可使运距缩短1/3，运输时间可节省1/2。但第一亚欧大陆桥在经营和管理上，存在港口装卸能力和铁路集装箱车辆不足及箱流严重不平衡等问题，加之运费高于海运及受各港口严寒气候（每年至少两个月的冰封期）等影响，在一定程度上阻碍了它的发展。

中国连接第一亚欧大陆桥的主要线路有两条。一条是东北地区经满洲里至第一亚欧大陆桥（西伯利亚铁路）；另一条是华北地区经二连浩特至蒙古的乌兰巴托最后与第一亚欧大陆桥连接。中俄、中蒙因轨距标准不一致，均需要换轨，通关手续繁杂，公权私用现象严重，运费颇高，还有铁轨转换设备和车皮数量都严重不足，制约了中国和日韩对西伯利亚大陆桥的利用。值得注意的是，2012年重返总统宝座的普京，显现出对西伯利亚大陆桥的高度重视，欲投资改善铁路和港口设施。

（二）第二亚欧大陆桥现状

第二欧亚大陆桥即泛亚铁路的“北部通道”。1990年，中国北疆铁路阿拉山口与哈萨克斯坦铁路顺利接轨，并于1991年开始运行。2012年12月22日，新疆霍尔果斯至哈萨克斯坦阿腾科里铁路正式开通，至此已有两条铁路通道连接哈萨克斯坦。

境内存在的问题：目前中国兰新铁路是单线，石油运量较大，缺水严重，运力比较紧张；陇海铁路宝鸡至天水也是单线，运输能力小，经常塌方断道，是进出西北的卡脖子地段；徐州以东的陇海段亦为单线。境外存在的问题：因苏联解体，中亚变成了很多国家，许多问题协调困难；通关问题复杂存在严重的公权私用现象；铁路建设与集装箱因穿越山洞等技术问题受阻；同时也存在轨距的问题。随着习近平主席“丝绸之路经济带”的提出及沿途各国的积极响应，以上问题将逐步得到有效解决。

（三）第三亚欧大陆桥现状

第三亚欧大陆桥即泛亚铁路规划中的“南部通道”。尽管中缅两国于2011年签署了建设中缅铁路的合作协定，但鉴于缅甸国内的形势，以及双方在轨距方面（缅甸为窄轨）的分歧，该项合作暂时被搁置。中国境内的大理至瑞丽段虽已开工，但进展缓慢。实际上，第三亚欧大陆桥（泛亚铁路南线）途经的东南亚国家，绝大多数使用轨距为1000毫米的窄轨；中国、伊朗、土耳其铁路采用轨距为1435毫米的标准轨；印度、巴基斯坦和孟加拉国部分铁路轨距为1676毫米宽轨；俄罗斯和中亚独联体国家轨距为1520毫米宽轨。四种不同的轨距，有不同的技术标准，连接起来困难很大，且经过的国家众多，运输协调和通关难度更大，加之印巴和东南亚诸国铁路设施老旧，通关手续繁杂，均为制约第三欧亚大陆桥建设运行的难点与障碍。

（四）跨海铁路通道建设情况

按照联合国亚太经社委员会的设想，泛亚公路和泛亚铁路所到达的欧亚大陆东西两端均存在一个经济总量很大的国家。在西端是英国与欧洲大陆连接，在东端则是亚洲大陆与日本连接。

1. 英法海底隧道

1994年5月6日，随着英法海底隧道（The Channel Tunnel）的开通运行，使西端的问题得以解决。英法海底隧道又称英吉利海峡隧道或欧洲隧道（Euro Tunnel），是一条铁路隧道，它由三条长51千米的平行隧洞组成，总长度153千米，其中海底段的隧洞长度为37.9千米，是目前世界上最长的海底隧道。

2. 日韩海底隧道

早在19世纪，就有将日本与朝鲜半岛连接的设想。20世纪80年代后期，日韩两国政府就海底隧道事宜多次进行实质性磋商。研究结果认为，最佳路线就是从韩国的釜山经对马岛和壹岐岛至日本南部九州的唐津。最短的路线约200千米，是英吉利海峡隧道长度的4倍。目前可行性研究和地质勘探等前期准备工作已经开展多年①。

日韩海底隧道是铁路、公路两用隧道，隧道一旦建成，标志着泛亚公路1号线（AH1）和泛亚铁路北部通道与日本连成一体，从而使东京、朝鲜半岛、丹东、沈阳、北京、西安、广州、昆明、乌鲁木齐直接连通，与东南亚诸国和欧洲相互贯通。这将极大地促进亚洲互联互通和世界经济一体化进程。

影响日韩海底隧道推进的最大难点，不在于技术与财力上的问题。朝鲜半岛南北分割的局面，才是隧道开工难以逾越的障碍。2013年，朝鲜成为最新加入《亚洲公路网政府间协定》的成员国，此举为泛亚公路计划朝鲜半岛公路联通和日韩海底隧道建设展现了曙光②。

3. 中、韩海底隧道

在朝鲜半岛局势不明朗的情况下，中韩海底隧道方案浮出水面。虽然中韩两国政府并未就跨国海底隧道问题进行过高层磋商，但是，韩国京畿道以及一些民间团体和中国山东省对此表示了极大的兴趣。双方的最终目的，是希望借此成为东北亚物流中心③。

目前，中韩海底隧道有4条备选路线：

方案1：韩国仁川至中国威海（341千米）；

方案2：韩国华城至威海（373千米）；

方案3：韩国平泽至威海（386千米）；

方案4：朝鲜瓮津至威海（221千米）。

---

① 参见《韩日再议海底隧道》，《国际金融报》2007年5月14日。

② 《〈亚洲公路网政府间协定〉的执行情况》，参见联合国亚太经社委员会亚洲公路组第五次会议（2013年10月7—8日，曼谷），参见http：//www.unescap.org/ttdw/common/TIS/AH/files/wgm5/AHWG5－1C.pdf。

③ 《中韩海底隧道成本7000亿，首尔到北京高铁4小时》，《广州日报》，2009年12月11日。

其中的方案4虽然距离最短，但由于涉及朝鲜的瓮津，目前无实施的可能。

从东北亚区域经济发展的战略格局考虑，在日韩海底隧道未进入实质性开工建设阶段，奢谈中韩海底隧道方案只能是天方夜谭。换一个角度分析，如果朝鲜半岛南北关系缓和，完全可以执行泛亚公路1号线（AH1）计划，可以贯通朝鲜展开对华公路、铁路运输，没有必要斥巨资建设中、韩海底隧道。

三、新亚欧大陆桥带给辽宁的战略机遇

2013年9月，习近平主席在访问哈萨克斯坦时提出，加强道路联通，打通从太平洋到波罗的海的运输大通道，逐步形成连接东亚、西亚、南亚的交通运输网络[①]，为新亚欧大陆桥建设提供了重大机遇。2014年11月8日，在“加强互联互通伙伴关系对话会”上，习近平主席又提出将“‘一带一路’作为亚洲腾飞的两个翅膀”，“铸造更加开放的亚洲经济格局”。为了实现这一主张，必须用更加开放的眼光，看待“丝绸之路经济带”建设，以更具战略的高度，看待辽宁省及丹东市在“丝绸之路经济带”建设中的重要作用。

辽宁未来发展的战略核心，应以新欧亚大陆桥作为战略发展机遇，充分利用泛亚铁路北部通道和泛亚公路1号线贯穿辽宁的契机，将辽宁建成东北亚物流中心并带动辽宁经济新一轮腾飞。

（一）辽宁可成为东北亚战略性物流枢纽

辽宁是泛亚铁路北部通道和泛亚公路1号线的必经通道，是辽宁难得的发展机遇。如果这两条路线全部连通，辽宁将真正成为东北亚战略性国际物流中心，经丹东港和丹东陆路进入中国的

① 《弘扬人民友谊，共同建设“丝绸之路经济带”》，《人民日报》，2013年9月8日第1版。

物流和人流均可在丹东和沈阳分流，通过中国的铁路、公路网，向北可以通过满洲里口岸进入第一亚欧大陆桥；向西南可以进入广阔的中国腹地；向西可以通过新疆口岸进入中亚和欧洲；向南可进入东南亚诸国。反之亦然。

另外，目前正在建设的巴新铁路（阜新新邱—内蒙西乌珠穆沁旗巴彦乌拉镇）、巴珠铁路（巴彦乌拉—珠恩嘎达布其）和锦州经赤峰、大板、白音华铁路，均有意经中蒙边境的珠恩嘎达布其口岸，通过蒙古国的乔巴山，连接到俄罗斯西伯利亚铁路，成为辽宁连接第一亚欧大陆桥的新通道。总之，辽宁在“新亚欧大陆桥”的战略地位优势明显无可替代。

（二）丹东的战略地位将显著提升

丹东是“新亚欧大陆桥”的重要节点，是大陆桥在中国最东端的桥头堡。规划中的泛亚铁路北部通道和泛亚公路1号线，均从丹东通过。就铁路而言，丹东至沈阳、丹东至大连、丹东至牡丹江（东边道铁路）及借助已建成的国内铁路运输网络，使丹东成为连接“新亚欧大陆桥”（新疆西部口岸）和俄罗斯境内第一亚欧大陆桥（满洲里口岸）的重要战略节点，丹东将成为世界级的交通枢纽，毋庸置疑，其地位和作用无可替代。

从政策层面看，2012年9月，国务院批复的《中国东北地区面向东北亚区域开放规划纲要（2012—2020年）》（以下简称《规划纲要》），是中国政府首次出台的区域性对外开放规划。《规划纲要》把东北东部的对外开放作为东北地区对外开放的重点区域加以规划并提出了具体要求，即“发挥毗邻俄、朝的地缘优势，以东北东部铁路和高速公路建设为契机，促进区域产业升级和资源整合，以沿线重点城市为基础，以丹东港为依托，建设东北地区新的出海通道和对外开放的重要门户”。充分肯定了丹东的战略地位。

由于朝鲜半岛局势的不确定性，“新亚欧大陆桥”的北部通道还有四个备选方案，即大连方案、绥芬河方案、天津方案和连云港方案。经专家评审，大连方案最为可取。由此可见，在“新亚欧大陆桥”的运输体系中，辽宁的作用无论怎么看都至关重要。作为大连方案的补充，丹东、营口、盘锦和锦州港均可发挥积极作用。

四、“新亚欧大陆桥”建设存在的问题

（一）朝鲜半岛局势影响“新亚欧大陆桥”建设

多年来，朝鲜领导人的更替和朝鲜半岛南北和解进程的几经反复，使“新亚欧大陆桥”建设进度迟滞。在21世纪初，朝鲜就提出了变革的打算，此后也做过一些尝试。从2000年开城工业区和2002年新义州特区的成立，到2010年提出中、朝共同开发、管理朝鲜罗先经济贸易区和黄金坪、威化岛经济区的开发，再到2013年初披露朝鲜聘请德国专家协助其制定总体规划。2013年5月，朝鲜又推出了《经济开发区法》，10月与国际财团（东南亚）就建设开城“高新技术开发区”合作达成协议①，朝鲜的种种改革虽几经波折，但总体上在求变。

（二）俄罗斯有绕开中国的意图

“新亚欧大陆桥”建设涉及东北亚各国在地缘政治中的角逐。除朝鲜半岛局势会影响“新亚欧大陆桥”建设外，还表现在俄罗斯、朝鲜和韩国对此的变化上。俄罗斯为了绕开中国通道，拟贯通由俄罗斯符拉迪沃斯托克（海参崴）经朝鲜罗津至韩国釜山的铁路和公路通道，并由日韩海底隧道联通日本。朝鲜也基于此想法于20世纪末成立了“罗津、先锋自由贸易区”和罗先市。而且

① 《朝鲜将开始建设高新技术开发区》，人民网，http：//world. people. com. cn/n/2013/1019/c157278 –23260018. html。

俄罗斯和日本均有通过萨哈林岛（库页岛）连接日本北海道的海底隧道（或桥梁）计划。

（三）邻近省份积极谋划欲抢占先机

近年，吉林省非常关注丹东市，多次在全国人大会议上提出将丹东市划归吉林省管辖的建议，以便取得国际通道和出海港口，甚至提出用吉林省的一个市交换辽宁的丹东市。争取多年未果之后，吉林提出了《图们江区域合作开发规划》并得到国务院批准，规划中吉林希望租赁俄罗斯位于图们江口的扎鲁比诺港，未能得到俄罗斯交通部的批准，使该规划大打折扣。之后，吉林又谋求得到朝鲜罗津港的使用权。同时，吉林又将目光向西，希望通过长春—白城—阿尔山—乔巴山的铁路建设，打通与蒙古国铁路的连接通道，进而连接俄罗斯境内的第一亚欧大陆桥。

另外，山东省也在积极运作威海至朝鲜半岛的海底隧道，意欲将威海作为“新亚欧大陆桥”东端的桥头堡，使山东成为东北亚的战略物流枢纽。

（四）其他不利因素

“新亚欧大陆桥”还存在运输成本高；沿线国家法律法规不统一、通关程序繁杂；基础设施建设滞后、运输信息不畅；各国间贸易结算困难等问题。

五、政策建议

“新亚欧大陆桥”和“丝绸之路经济带”建设，必将使沿途各国在政治、经济、文化等诸多方面进行交流与沟通，对各国的经济发展产生深远影响，最关键的是“新亚欧大陆桥”及“丝绸之路经济带”，将使中国与东北亚、中亚及欧洲国家发生全方位的接触，有利于改善中国的发展环境，加快中国融入或共建新的世界政治、经济秩序与格局。

第一，将“丝绸之路经济带”纳入泛亚铁路和泛亚公路网体系。中国是联合国亚太经济和社会委员会贯穿亚欧大陆的《泛亚铁路政府间协定》《泛亚公路政府间协定》的缔约国，而且泛亚铁路、“北部通道”和泛亚公路1号线规划，均是通过丹东经朝鲜半岛，最终通往日本的。如果在“丝绸之路经济带”建设中，突出辽宁及丹东在泛亚铁路、公路的战略地位，那么，中国提出的“丝绸之路经济带”建设，就是落实上述两个政府间协定的具体行动，就站在了履行国际义务的制高点，将更加具有国际号召力。

第二，将日、韩、朝三国纳入“丝绸之路经济带”。日、韩、朝这三个国家，对中国及亚洲地区有着不同的战略和利益影响。目前，中国虽与日本存在领土纠纷，与韩国存在海域捕捞纠纷及申遗等文化上的博弈，与朝鲜存在党际、国家和意识形态及拥核等复杂问题，这些都不构成将他们排除在“丝绸之路经济带”之外的理由，我们反而可借“丝绸之路经济带”建设，实现与他们“政冷经热”的目的。将这三个国家纳入“丝绸之路经济带”建设最好的策略，就是以时间换空间。当前，只要他们在不同程度上有所参与，就会赢得更广泛的国际支持，就实现了习近平主席提出的“铸造更加开放的亚洲经济格局”的目的。

第三，突出辽宁在“丝绸之路经济带”建设中的重要作用。目前，无论是“丝绸之路经济带”还是亚欧大陆桥，都将终点定位于中国东部的某个港口，再通过海运抵达韩国和日本。突出辽宁在“丝绸之路经济带”建设中的重要作用，将丹东作为向朝鲜半岛和日本延伸的节点，不但可节省日、韩等国大量的经济和时间成本，还可以联合俄、蒙、日、韩、朝等更多的国家积极参与中国的“丝绸之路经济带”建设，更可为振兴东北老工业基地提供新的战略机遇。

第四，积极推进巴新、巴珠铁路建设。巴新、巴珠铁路是新亚欧大陆桥和中蒙俄经济走廊的重要组成部分，建议从全面深化改革的角度出发，地方利益要服从国家利益，局部利益要服从整体利益，所有利益相关方，都要围绕国家“一带一路”大局出发，使巴新、巴珠铁路建设提质提速。积极推进巴新、巴珠铁路建设，作为对接蒙古国“草原之路”计划的回应，近期实现将蒙古国资源输入我国，并经沿海港口出海的目的。远期实现上可经乔巴山连接第一欧亚大陆桥，下可通过丹东连接朝鲜半岛和日本的陆路通道，实现全方位的亚洲互联互通。

“一带一路”战略背景下辽宁与日本的经贸合作

秦　兵*

2015年3月，国家发展改革委、外交部和商务部联合发布了《推动共建丝绸之路经济带和21世纪海上丝绸之路的愿景与行动》，对“一带一路”的框架思路、合作重点、合作机制等做了详细的说明。中国又提出筹建亚洲基础设施投资银行，这一倡议得到域内外国家积极响应，各国在2015年6月29日签署了《亚洲基础设施投资银行协定》。国家提出“一带一路”倡议，也为辽宁的经济发展指明了方向，辽宁应与时俱进，抓住机遇，主动、积极地参与“一带一路”建设。辽宁应撬动俄蒙，拉动日韩朝，把东北亚区域经济合作与“一带一路”融合到一起，使辽宁成为“一带一路”建设的枢纽站，成为东北亚区域经济交流与合作的中心和桥头堡。

2014年，辽宁、吉林、黑龙江三省的经济增速分别是5.8%、6.5%、5.6%，位列全国后五位。2015年一季度，辽宁GDP同比增长1.9%，位列全国最末位，辽宁规模以上工业增加值增幅同比回落14.5个百分点。国家统计局发布的工业生产数据显示，4月

* 秦兵，博士，辽宁社会科学院东北亚研究所副研究员。主要研究方向为日本经济、中日经济关系、区域经济合作。

份，全国规模以上工业增加值分地区看，东部地区增加值同比增长6.5%，中部地区增长6.5%，西部地区增长7.3%，东北地区下降4.2%。[①] 从一季度辽宁的统计数据看，工业经济大幅下滑，财税面临较大压力，固定资产投资增长乏力，消费需求增速减弱，出口大幅下落。坚决顶住经济下行压力，克服发展中出现的暂时困难是辽宁面临的重要任务。作为拉动经济增长的“三驾马车”——投资、出口和消费，其中投资和消费的扩大需要时间和一些条件，立竿见影的方法是促进对外经贸发展，扩大出口。

日本是中国也是辽宁的传统、重要的贸易伙伴。在辽日企对辽宁经济发展也起到了一定的促进作用，特别是对辽宁出口贸易有很大的贡献。在努力扩大对日贸易的同时，促进在辽宁投资的日资企业良性发展也是推动辽宁扩大对外贸易的捷径。现在辽宁对日贸易出现下滑，采取有力措施，促进辽宁与日本贸易的健康发展对于辽宁拓展改革开放广度和深度，及转变经济发展方式和调整经济结构有重要意义。

一、辽宁对外经贸形势

（一）辽宁对外经贸的现状

1. 对外贸易

随着全球经济复苏步伐加快，国际市场对中国出口商品的需求总体呈回升之势，但风险依然较多。[②] 当前，我国进出口形势较为复杂，由于受外部需求不稳、国内成本上升等各种因素影响，对外贸易下行压力比较大。从图 1 可以看出，辽宁对外贸易从 1998 年开始一直呈现上升态势，保持持续、平稳增长。受世界金融危机影响，在 2009 年进出口双双大幅下挫。而 2010 年又重现升

---

① 国家统计局公布数据。

② 课题组：《中国对外贸易形势 2014 年春季报告》，《国际贸易》，2014 年第 5 期，第 4—12 页。

势，进出口规模不断扩大，并且与进口相比出口增长迅速。2014年辽宁全省对外贸易国家（地区）213个。2014年辽宁外贸进出口总值11395991万美元，同比下降0.5%；其中出口5875924万美元，同比下降8.9%；进口5520067万美元，同比上升10.5%。

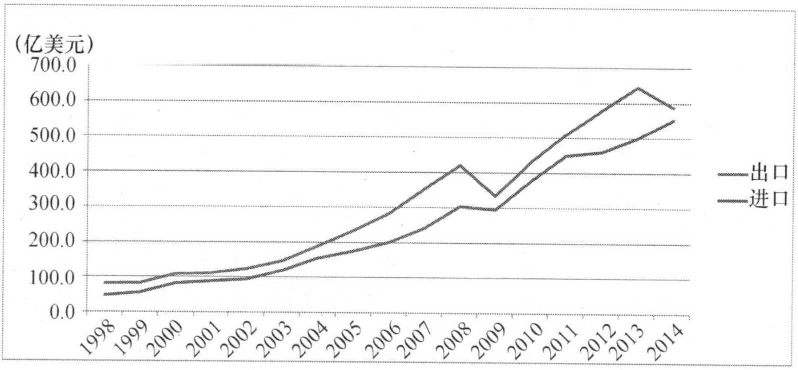

图1　辽宁对外贸易进出口总值变化（1998—2014年）

资料来源：《中国统计年鉴》。

2014年辽宁外贸的特点是：（1）出口增幅下滑，进口保持平稳增长；（2）从贸易方式上看，一般贸易和加工贸易出口均出现下降，进口则实现增长；（3）从企业性质上看，国有企业进出口增长较快，而民营企业进出口出现下降；（4）从主要进、出口市场上看，对东盟、日本、欧盟、美国和韩国五大传统市场出口均现下降，从中东、欧美进口保持快速增长；（5）从商品构成上看，船舶和部分劳动密集型产品出口出现大幅下降，而钢材、成品油出口保持较快增长，此外，原油、天然气、机电产品进口呈现快速增长。

根据海关统计，2015年1—4月，辽宁外贸进出口总值1933.3亿元人民币，比去年同期下降15.7%；其中，出口1001.3亿元，下降15.1%；进口932亿元，下降16.4%，实现进出口贸易顺差69.3亿元。同期，全国进出口、进口和出口同比分别下降7.3%、

16.9%和增长1.8%，辽宁与全国平均水平相比差距较大，辽宁对外贸易形势十分严峻。从国别看，2015年一季度进出口总值、出口和进口对日本同比分别下降19.07%、16.81%和22.94%，对韩国同比分别下降10.68%、14.06%和5.13%，对俄罗斯同比分别下降14.28%、9.16%和16.35%，对东北亚各国贸易出现大幅滑坡。

辽宁外贸出口在2015年延续上年下降走势，并有大幅下挫趋势。扭转辽宁对外贸易劣势，成为重振辽宁经济的关键。其中，对近邻东北亚各国的经贸问题尤显重要，必须强化东北亚区域经济的交流与合作。在外需市场萎缩，内部结构性矛盾扩大的背景下，鉴于2015年国际和国内经济形势，辽宁有必要大力推动结构调整和转型升级，培育外贸竞争新优势，并采取有效措施保证进出口贸易稳定发展，这对于加快辽宁建设外贸出口大省愈发显得重要。

2. 相互投资

在利用外资方面，2014年，辽宁实际利用外资274.23亿美元，同比下降5.57%；新批准外资项目478个，同比下降15.4%；合同利用外资额187.98亿美元，同比下降13.1%。投资来源国和地区主要为中国香港、日本、英属维尔京群岛、美国和新加坡。中国香港位列辽宁利用外资国别和地区之首，而大连和沈阳是辽宁利用外资的主要地区。辽宁实际利用外资的主要产业为第二产业、第三产业，其中装备制造业、现代服务业和房地产业是辽宁实际利用外资的主要行业。

在对外投资方面，2014年，辽宁共核准对外直接投资企业222家，同比增长27.59%；协议投资总额35.21亿美元，同比增长11.99%。其中，中方投资额33.01亿美元，同比增长10.36%。在辽宁对外投资中，主要投资国别和地区为中国香港、美国、吉尔吉斯和西班牙。中方投资额超过1000万美元的大项目73个，其中主要投资领域为房地产业、制造业、有色金属采选和加工行业、废弃资源综合利用业和农业。

（二）对外贸易下滑原因分析

主要原因有以下几点：（1）从出口看：首先，受国际、国内市场需求低迷及产能过剩等因素影响，钢材市场价格持续走低，供大于求，造成辽宁钢铁企业销售困难。其次，目前世界航运市场不景气，航运市场运力过剩，由于造船企业手持订单量大幅减少，新接订单价格下落，再加上企业经营模式落后，所以形成辽宁造船行业整体业绩低迷。另外，在当前国际油价大幅快速下跌的情况下，石化企业采取了限产措施来减少损失，造成辽宁石化企业亏损严重。钢材、船舶、石化是辽宁的支柱产业，这些行业的低迷严重影响了辽宁的出口。（2）从进口看：由于国际大宗商品价格大幅下跌，其中原油和铁矿砂的进口价格也大幅下降，致使辽宁进口增长下降。（3）从国别看：现在，东盟经济增速回落，呈现低迷态势。欧盟面临通缩压力，欧债危机持续升级，经济结构调整困难重重，经济处在衰退边缘。美国就业状况改善步伐放缓，经济增长出现疲软迹象。而日本加快实施安倍经济学，其量化宽松的货币政策对中国对日贸易影响极大，也造成辽宁对日进出口贸易快速下滑。由于辽宁出口市场集中度较高，对东盟、日本、欧盟和美国四大主要出口市场的出口额均出现不同程度下滑，使辽宁外贸发展雪上加霜；（4）从企业类型看：由于在辽宁出口企业中九成以上属于中小企业，国际经济形势、汇率变动、劳动力成本和产业结构调整等因素的变化对其影响很大，这些中小企业面临的形势非常严峻。辽宁的国有企业、外商投资企业和民营企业的进出口贸易均出现下滑态势，对辽宁的经济影响较大。

（三）辽宁外贸发展的主要问题

辽宁外贸发展的问题主要表现在以下几个方面：（1）外贸企业的发展方式需要转变，核心竞争力亟待提高；（2）招商引资力度需要加大，“走出去”战略需要进一步加强；（3）需要大力推进体制、机制创新，不断改善投资、贸易环境；（4）辽宁对日出口呈下降趋势，须尽快采取必要的措施，使辽宁与传统贸易伙伴日本的经贸发展重上成长轨道。

要实现辽宁向外贸强省转变，需要创造贸易竞争优势。必须培育对外贸易新型竞争力，即建立在产品质量、技术、服务和品牌为核心的新竞争优势基础上，以产品的质量、技术含量及多样性为竞争手段，且具有长久、持续性的对外贸易竞争力。其中，对外贸易新型竞争力的核心内涵是以全要素质量提升为核心、以产品生产创新升级为基础、以生产性服务业的发展为重要支柱、以对外贸易政策优化和协调为保障，通过突破上述关键驱动要素最终实现对外贸易质量的全面提升①。

二、辽宁与日本的经贸合作

由于中日两国政治陷入困境及安倍经济学实施量化宽松政策造成日元大幅度贬值，使中国对日贸易陷入复杂局面。其主要影响因素有四点：一是政治影响经济，形成“政冷经冷”。由于两国政治关系紧张，对经贸合作产生了负面影响，这个因素不可低估。二是日元贬值影响出口。日元大幅下降严重影响外贸企业的产品竞争力，使对日出口下降。三是日本调高消费税会使出口市场缩小。从 2014 年 4 月 1 日起日本把消费税税率从 5% 调至 8%，日本国内的内需市场大幅萎缩，对日出口可能会受到不利影响；四是日本的制造业有加速向东南亚转移的趋势。由于中国劳动力成本和经营成本不断提高，以及钓鱼岛等问题引起中日两国关系紧张等情况，为应对“中国风险”，日本企业把目光转向东南亚、印度等发展中国家，制造业逐步向这些国家转移。

辽宁与日本的经济合作紧密，对于辽宁来讲，日本是辽宁最

---

① 崔日明、张志明：《中国对外贸易新型竞争力驱动机制研究》，《亚太经济》，2013 年第 4 期，第 116—120 页。

大的进出口贸易伙伴，辽宁省对日进出口贸易总值占辽宁外贸总值的1/5左右，对日贸易成为拉动辽宁经济发展的一个动力。目前，辽宁与日本已结成20多对友好城市，有约7000家日资企业在辽宁落户，从促进经贸发展的角度看，要重视与日本的经济交流与合作。

（一）对日贸易

2014年，辽宁对日本进出口71.9亿美元，下降4.6%。近年辽宁对日出口呈下降趋势，2012年，对日本出口101.3亿美元，下降7.8%；2013年，对日本出口101.2亿美元，下降0.1%；2014年，对日本出口95.85亿美元，下降5.3%。(参见图2)

2015年一季度，辽宁省对日出口118.6亿元，下降16.8%；自日本进口64.3亿元，下降22.9%。从商品结构看，2016年一季度，自日本进口的主要商品为机电产品、二甲苯和钢材，其进口值占辽宁省自日本进口商品总值的71.5%，分别下降了15.5%、54.1%和1.9%；对日本出口的主要商品为机电产品、服装及衣着附件和农产品，其出口值占辽宁省对日出口商品总值的77.8%，分别下降了6.4%、4.3%和10%。中日两国关系恶化和日元大幅度贬值是主要原因，如果中日政治关系不进一步恶化，由于中日两国的地理位置和贸易结构的因素，日本仍将继续保持辽宁主要贸易伙伴的地位。

1. 辽宁对日贸易的特点

主要特点：(1) 辽宁对日贸易以加工贸易为主，主要的出口产品是纺织品、机电产品和钢材等；(2) 大连是辽宁对日贸易的主要地区，其次为沈阳，大连对日进出口额占辽宁对日进出口额的80%左右；(3) 在辽日资在对日出口贸易中比例大，在扩大辽宁对日贸易中起到了很大的促进作用。

2. 辽宁对日贸易的主要问题

主要问题：(1) 需尽快进行外贸产业结构升级，促进外贸产

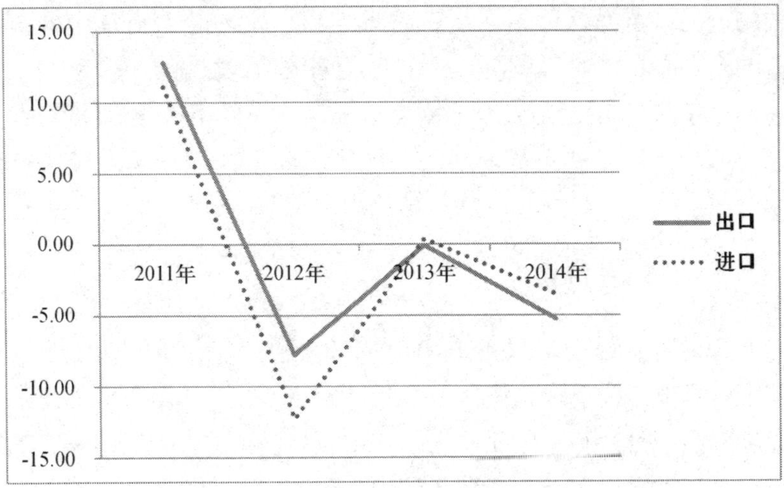

图2　辽宁对日本进出口变化比率（%）

资料来源：根据大连海关资料做成。

品竞争力的提升，尽力扩大一般贸易所占的比例。（2）辽宁对日出口呈下降趋势，须尽快采取切实可行的办法，使辽日经贸重上成长轨道。

（二）相互投资

在2011年，来自日本的投资额达到120亿美元。2014年，日本对辽投资为30.17亿美元，同比下降29.87%，列香港之后排第二位。

1. 在辽日企的特点及投资趋势

日本贸易振兴机构（JETRO）对在华日资企业做了详细的调查，从而形成了一个日资企业活动调查报告①，通过对这个报告的分析，可以掌握辽宁日资企业基本的经营状况。在辽发展的日企主要特点有：（1）产品出口比例大，从出口方向上看以日本为主；

① 《日本贸易振兴机构（JETRO）海外调查部中国北亚课》，《亚洲、大洋洲日资企业活动实况调查—中国篇—（2013年度调查）》。

(2) 人工成本上涨成为左右日企经营效益的主要因素；(3) 非制造业日企有扩展趋势；(4) 进出口结算货币中日元所占比重较高。

日本企业对辽宁的投资趋势呈现如下特征：(1) 从投资区域上看，主要集中于大连、沈阳及辽宁沿海地区；(2) 从投资规模上看，在辽日企多为日本大型企业；(3) 从投资行业分布上看，从过去的纺织、服装、制鞋、电子、玩具等劳动密集型传统制造业向房地产、IT、金融、服务业、生物、环境等领域扩大；(4) 以开拓中国内需市场为目的进驻的企业数量逐年增加。

2. 招商引资过程中存在的问题

现在，辽宁在对日招商引资过程中主要存在以下几方面的问题：(1) 在第三产业上的合作力度有待加强。应顺应产业发展规律和日企在辽投资趋势而动，顺势而为会取得事半功倍的效果。日本在金融、信息服务、旅游、医疗保健、文化等产业的发展和促进出口方面有很多值得借鉴的成功经验，而辽宁的市场容量大、发展快，蕴含巨大发展潜力，要加快促进在第三产业上与日方的合作；(2) 须强化与日本中小企业的交流与合作，尤其是应加大促进民营企业与日本中小企业合作的力度，使双方加强信息交流，努力挖掘新的商机；(3) 东北亚区域经济合作有不断扩大的趋势，两国的经济交流与合作也会不断深入，需加大具有国际视野、懂经营管理、会日语的人才的培养。

3. 辽宁对日投资

辽宁对外主要投资国家和地区为中国香港、美国、吉尔吉斯斯坦和西班牙，辽宁对日投资还有很大空间，需下一些功夫扩大对日投资，以对日投资带动更多对日出口。

三、“一带一路”战略中辽宁的定位

（一）历史上辽宁在丝绸之路中的地位

根据考证，中国境内曾有沙漠丝绸之路、草原丝绸之路、西南丝绸之路和海上丝绸之路四条丝绸之路。中国北方的草原丝绸之路是从新疆的伊犁、吉尔萨尔、哈密，经额济纳（内蒙古）、呼和浩特（内蒙古）、大同、张北（河北）、赤城（河北）、宁城（内蒙古）、朝阳、义县、辽阳，经朝鲜而至日本。辽宁自古以来就是丝绸之路的重要参与者，曾是古丝绸之路的重要节点之一。

（二）日韩参与"一带一路"的重要性

中日韩三国同为东亚重要经济体，2012年，三国GDP占亚洲的70%。三国GDP合计达到14.3万亿美元，约占全球GDP的20%，三国经济规模在全球仅次于欧盟和北美。三国也是全球贸易大国，2012年，三国进出口总额约为5.4万亿美元，占全球贸易总量的35%。

中韩自贸协定于2015年6月1日正式签署，这将给中韩间的贸易、海运、旅游等领域注入强大的活力，作为辽宁与韩国贸易桥头堡的大连，在货物贸易、服务贸易、引进韩资、公共服务体系等方面都将受到重要影响。而中日韩FTA谈判正在进行之中，中日韩FTA是在2002年的中日韩三国领导人峰会上被首次提出，2012年11月份正式启动自贸谈判，2015年4月进行了第七轮谈判。如果中日韩FTA谈判成功，能够促进东北亚区域经济发展，有利于扩大经济协作一体化进程，在经济贸易上形成互补，实现共同繁荣，相信会使中国对外经贸发展上一个新台阶，也会使具有地缘优势的辽宁抢占先机。

从长期看，包括蒙古国、俄罗斯、日本、韩国、朝鲜在内的东北亚各国都将是"一带一路"战略的重要参与者，连通日、韩、蒙、俄、朝，探索合作的新机制，是辽宁需要肩负的重要使命。

（三）辽宁在"一带一路"战略中的定位

在《推动共建丝绸之路经济带和21世纪海上丝绸之路的愿景与行动》中提到要推动大连等我国一些沿海港口的建设，应该加快大连东北亚航运中心的建设，使人流、物流、资金流在辽宁汇集，使辽宁成为连接东北亚与中亚及欧洲的节点。作为辽宁，在积极参与中蒙俄经济走廊建设的同时，应把日韩也纳入“一带一路”战略视野，吸纳日韩加入有助于辽宁在“一带一路”战略中发挥更大的作用。总之，我们应抓住“一带一路”重大发展机遇，把“一带一路”建设与东北亚区域合作紧密联系起来，以此推动辽宁的经济发展。

辽宁把“一带一路”战略及东北亚区域经济合作有机地结合起来具有重要的战略意义：（1）可以摸索出辽宁产业转型升级的新路径，探求经济发展的新思路；（2）可以深化国际人文、科技交流与合作，扩大辽宁的知名度和影响力；（3）可以发展壮大辽宁外贸企业，拓展市场和渠道，创新招商方式，更加积极有效地利用外资；（4）可以促进国际产能合作，加快辽宁企业“走出去”的步伐。

中国的“一带一路”归根到底是区域经济合作的问题，是大时代、大格局、大智慧引领下的内外兼修的区域发展战略，“一带一路”可以说是今后我国对外经贸战略的指针，积极参与“一带一路”对辽宁的意义是不言而喻的。辽宁在“一带一路”战略中的定位应是：成为“一带一路”建设的枢纽站，成为东北亚区域经济交流与合作的中心和桥头堡。

四、辽宁加快改革开放、促进对外经贸发展的举措

（一）参与“一带一路”的举措

在国家加快实施“一带一路”战略背景下，辽宁需要更好地宣传“一带一路”战略，深化和扩大与周边国家在互利共赢基础上的全方位务实合作，丰富“一带一路”战略的内涵与外延。使辽宁的经济发展战略与“一带一路”战略及东北亚区域经济合作有机地结合起来，促进辽宁经济及对外经贸又快又好地发展。拓

展辽宁外向型经济合作空间，优化与周边国家的合作水平。建议实施以下举措：

1. 对外贸易与对外投资并举

立足装备制造、电力、建材、冶金、化工、农产品加工等产业比较优势，通过互利合作，带动出口。大力推动企业“走出去”，加大海外投资步伐，结合“一带一路”战略，积极进行海外布局，推进国际产能合作，把富余产能转出去。对企业在境外建设经贸合作区、建设资源基地、转移富余产能、建立海外营销网络、对外承包工程和对外劳务合作等给予财政和政策支持。

2. 加快建设对外互联互通大通道

以“一带一路”战略为契机，积极参与中蒙俄经济走廊建设，强力打造日韩、东南亚、中国南方经大连口岸过境中转至蒙古国、俄罗斯、中亚和欧洲的国际海铁联运运输通道。把桃仙机场打造成面向东北亚的门户机场，加快建设经由营口港、锦州港、丹东港等港口的对外互联互通国际物流大通道，面向世界，牵手东北亚，服务全国。

3. 强化对外贸易园区建设

加快推进大连金普新区建设，加大对外招商引资力度。以中韩自贸协定签署为契机，推进中韩自贸园区的建设。积极申请建立国家级自由贸易区，推动辽宁对外经贸快速向前发展。通过强化对外贸易园区的建设，推动区域经济合作，为辽宁对外经贸发展注入新的活力。

国家的“一带一路”战略强调要加强沟通磋商，充分发挥多边双边、区域次区域合作机制和平台的作用，扩大利益契合点，谋求共同发展、共同繁荣。我们应把“一带一路”战略与东北亚区域经济合作紧密结合起来，促进辽宁对外经济发展和产业结构升级。借势“一带一路”战略带来的绝佳机遇，围绕对接全球市场、利用国外资源抓开放，实现和保证进出口、利用外资和对外投资的强劲增长。使“走出去”和“引进来”并重，积极融入

“一带一路”战略，参与更高层次的国际产业分工，站到制高点上，把辽宁沿海的区位优势和装备制造业的产业优势转化为对外开放的成果，重振辽宁老工业基地雄风。

（二）强化对日经贸合作的举措

日本目前是辽宁继欧盟之后的第二大进出口市场，而辽宁对日贸易却呈现出连续下滑迹象。日本现在正在实施安倍经济学，意在压低日元汇率，摆脱持续了将近 20 年的通缩，重振日本经济[①]。日本的经济发展战略和走向必然会对辽宁外贸产生影响，应把日本的影响因素与国内的影响因素结合起来进行考量，制定对外贸易策略。通过对辽宁对日贸易和日资的特点、存在的问题及发展趋势的分析，提出以下应对措施：

1. 提升外贸企业的核心竞争力，创造竞争优势

中国对日出口的最终产品多为劳动和资源密集型产品[②]，现在更需要用技术创新来取得市场。外贸企业的发展归根结底是要促使企业加快产业升级的步伐，提高产业竞争能力，这是解决外贸企业发展问题的根本方法。要使辽宁外贸企业加快转变外贸发展方式，进一步优化贸易结构，提高出口产品的技术含量和附加值。要促使辽宁企业加大研发力度，加强品牌战略，完善营销网络，强化核心竞争力，取得竞争优势。

2. 支持企业“走出去”战略，带动出口增长

人民币不断升值的趋势为中国企业“走出去”提供了条件，到国外投资办厂为作为“世界工厂”的中国开出了解决国际贸易摩擦的良方，把“引进来”与“走出去”结合起来，是加快对外开放步伐的有效途径，对外投资有利于中国企业吸收外国企业的

---

① 吉村弘.「経済を見る眼」からみたアベノミクス.やまぐち経済月報，2013（7）：2—13.

② 蒋庚华、林丽敏：《中日双边贸易分解：基于世界投入产出数据库的研究》，《现代日本经济》，2014 年第 3 期，第 52—62 页。

经营管理方法和先进的技术，提高市场占有率和竞争力。辽宁应借“一带一路”战略东风，积极支持和鼓励辽宁企业“走出去”，以获取国外企业先进技术、进行资源开发、扩大国外市场为目标，购买、兼并日本企业，增强企业的国际竞争力，促进企业的国际化发展。

3. 加强在日资强势领域的招商引资力度，寻找经贸合作新的增长点

制造业、现代服务业和房地产业是外商投资辽宁省的主要行业。随着中国的经济发展，水污染、食品污染、雾霾等环境污染已成为严重的社会问题，亟待解决。而日本在经济和产业发展过程中也出现过类似的问题，经过严格治理，日本已成为在环境保护和环境产业技术方面最先进的国家之一。日本更把环境产业的发展和输出作为国家的成长战略，可以在这个领域找到共同的利益点，可以以此为突破口，展开交流与合作。另如养老产业，中国的人口老龄化程度不断提高，老有所养问题日趋严重，而养老院等养老产业的发展非常落后。日本已步入老龄化社会，养老产业相当发达，有很多先进经验。而且，日本政府、企业输出养老产业的意愿也相当强烈，在这个行业有很大的合作前景。辽宁要深挖新的经贸合作增长点，以养老产业、医疗保健等行业为突破口，扩大在批发、零售业、金融、保险业、旅游、饮食等第三产业上的合作，进而扩展到环保、新能源等产业，取得辽日经贸合作的新突破。

“一带一路”战略下辽宁港口群空间效应研究

董晓菲*

一、港口群是辽宁对接“一带一路”战略的关键

（一）港口群是“一带一路”战略的支点

国外关于港口群的研究分为五个层次，即港口内部体系、港口—腹地体系、港口之间体系、港口区域体系和整体港口体系。我国关于港口体系的研究经历了三个阶段：20 世纪 80 年代，主要研究港口布局问题；第二阶段为 20 世纪 90 年代至 21 世纪初，学者们关注港口地域组合和港口群的空间结构和功能优化研究；第三阶段为 21 世纪至今，为应对全球化的新形势，我国学者开展集装箱枢纽港及运输网络研究。近年来，港口—腹地的空间作用规律成为港口空间研究的重点，多数学者选择单一港口与腹地的经济关系作为研究方向，我国港口群发展与区域经济关系的微观研究相对较少。

随着“一带一路”战略的稳步推进，港口作为国际贸易得以实现的重要保证，其地位不断凸显，特别是地理相邻、相互制约

* 董晓菲，中共辽宁省委党校经济学教研部，辽宁师范大学地理学博士后流动站。

本文系国家社会科学基金青年项目（批准号：11CJL045）、中国博士后科学基金（2014M551117）阶段性研究成果。

又相互依存的港口群的协调发展成为“一带一路”战略实施的重要载体。国家发展改革委、外交部、商务部2015年3月28日联合发布了《推动共建丝绸之路经济带和21世纪海上丝绸之路的愿景与行动》，提出加强上海、天津、宁波—舟山、广州、深圳、湛江、汕头、青岛、烟台、大连、福州、厦门、泉州、海口、三亚等沿海城市港口建设。更为重要的是长三角港口群、环渤海港口群、珠三角港口群效应的整合。

（二）港口群是辽宁对接“一带一路”三大通道的起点

辽宁港口群共有大连港、营口港、锦州港、丹东港、葫芦岛港和盘锦港六个港口，基本形成了以大连港和营口港为主的发展格局。

大连港始建于1898年，地处辽东半岛南端的大连湾内，是我国主要集装箱海铁联运和海上中转港口之一，东北地区最重要的综合性外贸口岸。截至2013年，拥有泊位212个，港口货物吞吐量4.07亿吨，集装箱吞吐量1001.5万标箱。营口港地处辽东半岛中部，辽东湾西岸，辖营口港区、鲅鱼圈港区、仙人岛港区、盘锦港区等，是沈阳经济区最近的出海口。2013年，营口港拥有泊位76个，完成货物吞吐量3.2亿吨，集装箱吞吐量达到530.1万标箱。锦州港位于渤海西北部，包括笔架山和龙栖湾两个港区，已成为北煤南运新通道。2013年，完成货物吞吐量8533万吨，集装箱完成95.9万标箱。丹东港位于辽东半岛东部，鸭绿江入海口西岸，是距朝鲜半岛和日本列岛最近的国际化港口。2013年，完成货物吞吐量1.2亿吨，集装箱150.8万标箱。盘锦港位于辽河入海口，2013年完成吞吐量2997万吨。葫芦岛港1953年建为军港，1999年开始对外开放。截至2013年，货物吞吐量2045万吨。

为主动对接“一带一路”战略，辽宁将依托中蒙俄经济走廊，积极推进三大通道建设：一是建设以营口港为核心、以辽鲁陆海甩挂运输大通道为主要干线的营口—满洲里—俄罗斯—欧洲的物流大通道；二是建设以锦州港为起点，途经辽宁省至蒙古国乔巴山铁路出海通道，再到达欧洲各地区的物流大通道；三是建设以大连港为海上起点，过南海、经印尼、辐射南太平洋区域的海上物流大通道。可见，营口港、锦州港和大连港成为重要的物流起点，盘锦港已被营口港控股，丹东港凭借吉林、黑龙江两省最近的出海口，正在推动与蒙古国和俄罗斯远东地区通道建设。葫芦岛港紧邻京津冀区域，也在拓展与“一带一路”的衔接。统筹规划辽宁港口群与“一带一路”战略的对接，发挥辽宁港口群的合力成为亟待解决的问题。

二、辽宁港口群空间演化进程与规律

（一）辽宁港口群空间演化进程

基于自然断裂法以及港口数据获取的可行性，本研究以2000年、2005年和2013年为时间基点，以1000万吨、5000万吨和10000万吨为标准衡量港口规模，运用Mapinfo软件绘制辽宁省港口体系空间布局图展示港口体系空间格局的演化（见图1）。[①]

可以看出：（1）2000年辽宁省港口规模都在10000万吨以下，吞吐量排在首位的大连港吞吐量为9084.1万吨，营口港、锦州港虽超过1000万吨，但吞吐量分别是大连港的1/4和1/10，丹东港、盘锦港和葫芦岛港吞吐量总和仅为605.6万吨；（2）2005年大连港吞吐量超过1亿吨，营口港超过5000万吨，与大连港的差距不断缩小，锦州港和丹东港超过1000万吨，葫芦岛港吞吐量增幅较大，达到965万吨；（3）2013年大连港率先成为4亿吨大港，营口港吞吐量也达到3.2亿吨，辽宁港口体

① 《中国港口年鉴》。

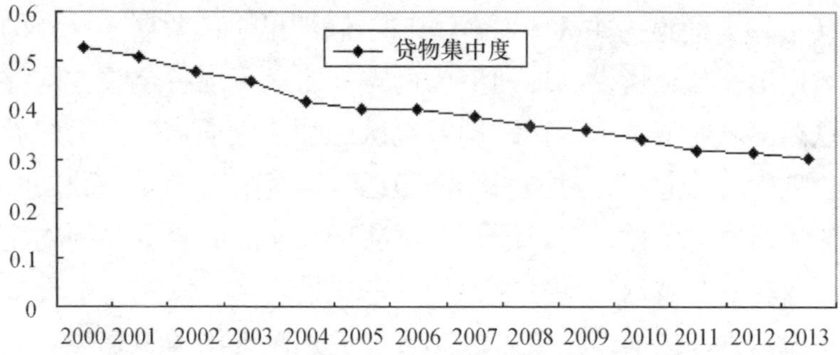

图1　2000—2010 年辽宁港口体系的 HHI 指数

系呈现出两港“双足鼎立”的发展格局，锦州港和丹东港吞吐量也超过 5000 万吨。

赫芬达尔—赫希曼指数（HHI）是反映市场集中度的综合指标，能够综合考虑港口体系各港口的吞吐量和港口体系总吞吐量，可较好地反映港口体系内各个港口之间的竞争情况，其公式为：

$$I_{HHI} = \sum_{i=l}^{n} \left(\frac{X_i}{X}\right)^2$$

公式中，X 为辽宁港口总吞吐量；X_i 为第 i 个港口的吞吐量；X_i/X 为第 i 个港口的吞吐量占总吞吐量的比重；n 为港口群内的港口数。

辽宁省港口体系货物吞吐量的集中度呈现下降趋势（见图 1），由 0.5291 降为 0.3014。2000—2013 年辽宁省港口体系的 HHI 值，如图 2 所示。2000 年，仅大连港的货物吞吐量就占据辽宁省总吞吐量的 70%，营口港占近 18%，辽宁省的港口体系发展还处在大连港一枝独秀的高度集中阶段。2013 年，大连港货物吞吐量占全省总吞吐量的比重降为 41.4%，而营口港的比重提升为 32.5%，虽然集中度有所下降，但横向比较仍较高。①

① 《中国港口年鉴》。

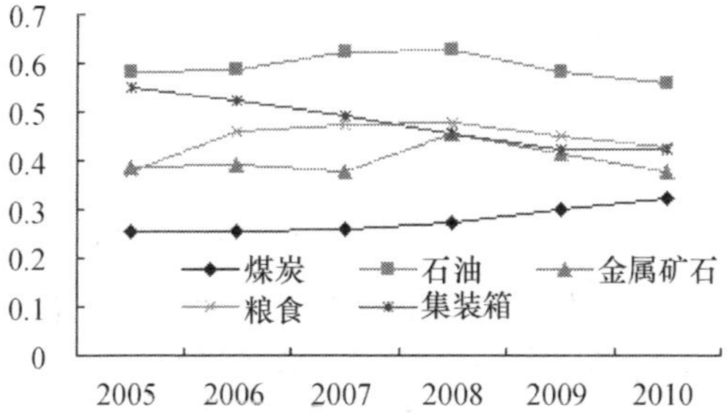

图 2　2005—2010 年辽宁港口体系分货种 HHI 指数

由于数据缺失，辽宁省港口各类货种的集中度仅统计 2005—2010 年时段，如图 2 所示。各类货种的集中度除煤炭、粮食略有上升以外，都呈现出下降的趋势，其中集装箱下降趋势最为明显。2005 年至 2010 年，大连港集装箱吞吐量占全省比重由 71% 降为 54. 3%；营口港集装箱吞吐量由 20. 8% 提升为 34. 5%；丹东港、锦州港集装箱吞吐量所占比重也均有不同程度提升。由此，推动辽宁集装箱运输由集中向分散发展。

另外，由图 2 可见，各货种港口的集中度水平序列清晰，石油及制品高居榜首，2008 年集中度达到 0. 6276，以大连港、营口港、锦州港为主要集中区。其次为集装箱的集中度，主要集中在大连港和营口港。粮食和金属矿石的集中度虽有波动，但始终在 0. 37 至 0. 48 的范围之内。集中度较低的为煤炭吞吐量，2010 年达到最高值仅为 0. 32，得益于营口港和锦州港的迅速壮大。

（二）辽宁港口群空间演化规律

1. 自然及区位条件的先天优势机理

港口的自然及区位条件不仅影响港口自身的发展与升级，而且驱动港口体系不断转变。港口水深、地质地貌、冰冻等自然条件决定了进港船舶吨位及类型，区位条件则决定港口吸引腹地的范围。国内外港口体系发展经验表明，具有良好水况的港口将首先获得发展的机会，通过基础设施的完善成为地区港口群中的核心，并且凭借优越的区位条件以及腹地发达的交通网络不断扩大货源范围，并不断拓展港口空间或吞并周边的小港口补充不断增大的货物吞吐能力的缺口。例如，大连港属于基岩海岸、港阔水深、不淤不冻，在日俄战争中取代营口港成为日本掠夺东北地区资源的重要出海口，随着南满铁路支线的修建，大连港腹地向东北北部和内蒙古东部延伸。直到 21 世纪初期仍然在辽宁港口体系中处于核心地位，是东北腹地与东南沿海和国际市场联系的主要通道和重要枢纽。但是，随着营口港向北拓展港区以及通过人工对自然条件的不断优化，凭借腹地运距相对大连港缩短 180 千米的近地区位优势，近五年吞吐量激增，辽宁港口体系呈现"双核心"的格局，并且大连港与营口港的腹地不断叠加，甚至部分大连港腹地开始被营口港袭夺。由此可见，港口体系的演变与港口自身的自然和区位条件密切相关，而随着技术的不断进步，一些自然条件可以不断改善，而区位条件成为枢纽港地位的决定因素。

2. 腹地经济发展的实际需求机理

腹地是港口货物的输出地和来源地，是港口赖以生存和发展的基础。腹地的经济发展方向直接影响港口的运输货种、转运线路、服务项目等，进而驱动港口体系的演化。2000 年至 2010 年，辽宁腹地的经济发展经历了新型工业化发展、国有企业体制改革、沿海经济带大开发、沈阳经济区综合配套改革和区域经济发展方式转型等发展阶段，不同的经济发展且重点及市场需求直接影响港口的业务及发展方向，特别是外向型经济的壮大将直接作用于以外贸业务为主的港口，提升其在港口体系中的地位。例如，1995 年辽宁省确定外向型经济战略，积极利用外资、扩大对外贸易、开展对外经济合作，并提出以大连港为龙头，营口港、丹东港为两翼的发展体系。近年来，随着外向型经济发展中出现的粗放式生产、市场风险以及金融危机的冲击，我国重新确立在国际分工中的地位，2010年国务院批准沈阳经济区为国家级综合配套改革试验区，在不断提升产业竞争力、突破体制机制桎梏、区域一体化加深的客观需求下，近几年营口港的规模及功能必将进一步升级。

3. 基础设施配套的强大促动机理

港口基础设施主要包括公用航道、防波堤、港池、锚地、铁路、公路、客运站及导航设施等，其中交通基础设施承载着为港口与腹地输送经济要素的重任，对港口体系的空间演化具有强大的促进作用。另外，无水港作为港口功能在腹地的延伸，能够降低口岸贸易高物流成本，与港口的配套程度将影响港口体系的空间格局。锦州港就是抓住打通欧亚新通道的机遇，修筑锦州经朝阳至赤峰（锦赤）铁路、赤峰经大板至白音华（赤大白）铁路、白音华至中蒙边境口岸珠恩嘎达布其（白珠线）铁路，促进锦州港成为蒙东地区煤炭的出海口。随着锦州港到蒙古国乔巴山，远期再延伸至俄罗斯赤塔铁路的贯通，欧亚新通道的建设无疑将加速锦州港的全面发展，与辽宁省腹地的西部及东南沿海经济关联度将骤然提升，未来辽宁港口群体系将进一步演化。

4. 外部环境及政策的深度导向机理

历史经验表明无论是国际经济环境还是国内政策环境都对港口体系的发展带来无形的冲击，有利的环境将引导港口体系与腹地经济向高级化演化，在“一带一路”战略的正能量作用下，随着辽宁三大通道的积极贯通，大连港、营口港和锦州港将开启深度开放的发展历程，国际中转能力将得到极大的提升。相反国际环境和国内政策也能阻碍港口与腹地的发展进程。例如，丹东港由于特殊的区位条件，港口的发展与朝鲜局势息息相关，在金融危机爆发后，丹东港的吞吐量不降反升的直接原因就是韩国、美国、日本对朝鲜的经济封锁，使得作为边境口岸的丹东港成为朝鲜煤炭、矿石唯一的出海口。随着2009年7月《辽宁沿海经济带发展规划》上升为国家战略和“东边道”的全线通车，丹东港将带动东部地区进一步发展。

三、发挥辽宁港口群空间效应的建议

（一）借力“三大战略”，实现大连港、营口港双赢

习近平主席在强调京津冀协同发展中强调：打破“一亩三分地”思维定式，而激活辽宁港口群原动力“外引”的关键也是要扭转大连港与营口港的“竞”大于“合”的发展态势。借鉴国际上港口群的发展经验，例如日本东京湾港口群转运货类分工明确，而在对外港口的竞争中保持一个整体效应。

调研中发现大连港与营口港自身整合的意愿不强，涉及各自企业的直接利益问题，需要自上而下的强有力的领导部门进行协调，建议发改委、交通厅等研究出台相关政策，鼓励大连港与营口港积极探究双赢的合作路径，提升辽宁港口群在国家“三大战略”中的整体影响力。大连港以“一岛两湾”（长兴岛临港工业型港区、大窑湾港、太平湾港）为基础，发挥连接东北亚的港口优势，与营口港联合开通更多国际航线，依托海铁联运向西打通亚欧大陆桥运输通道，联通俄罗斯、白俄罗斯、波兰、斯洛伐克、匈牙利、奥地利、德国，向东对接海上丝绸之路，辐射韩国、日本、东南亚以及我国沿海地区。在基础设施建设上、在项目融资上、在自贸区建设上、在港口经营管理上加强交流与合作，实现强强联合。

（二）明确港口群腹地，促进港口—腹地良性联动

根据调研及数据研究发现：近年来，大连港腹地逐步缩小，营口港的腹地范围不断扩大，哈大线沿线城市逐步转变为营口港的腹地。锦州港和丹东港均以服务周边城市为主，盘锦港与葫芦

岛港以服务自身港城为主要任务。明确港口腹地有利于量身定做港口—腹地联动的通道，而内陆干港作为港口与腹地的重要节点成为港—腹联动的有力抓手，鼓励辽宁港口与各自腹地通过建设内陆干港、参资入股港口建设等形式，形成港口与腹地互动格局。特别是引导大连港将国家级新区金普新区的保税功能向腹地延伸，大力发展海铁联运，发挥东北亚航运中心核心港的"内联"作用。与此同时，鼓励东北地区的城市或相关企业在沿海地区建立自己的港口或码头，开辟货物运输通道。

（三）打造服务型理念，创新港口管理机制

辽宁省正从审批型政府向服务型政府转变，港口管理机构改革要始终秉承服务型理念，为辽宁省港口企业发展创造良好的、公平的竞争环境，为港口业主提供完善的公共服务，增强港口吸引力。辽宁港口群管理机构创新的目标是提高港口管理机构的活力和效率，结合辽宁省港口发展的阶段，符合港口服务对象的需要。可借鉴广西北部湾上收沿海港口的管理职能统一归自治区管理的一些创新做法，组织相关人员研究如何在现代化港口的背景下保持辽宁港口群管理的活力和依法适度竞争，推动港口管理创新，对程序化的审批、已不能适应现状的安全监管等等老一套的港管流程进行优化，提高管理效率。

（四）搭建港—校实践平台，培育应用型复合人才

辽宁省港口的大发展对港口人才的知识水平和实践技能水平要求更高，依托我省现有教育资源与港口企业搭建教学、科研平台是解决人才缺口的有效途径。鼓励大连海事大学、大连交通大学、大连海洋大学、辽宁省交通高等专科学校、渤海船舶职业学院等拥有港航相关专业的大中专院校借鉴国内外名校的先进经验，与大连船舶重工、渤海船舶重工等大型企业构建产学研合作与仿真实训平台，形成"教学、科研与社会服务"三位一体良性互动的

局面，培养符合我省发展需要的复合型人才 。

参考文献

[1] 王列辉:《国外港口体系研究述评》,《经济地理》, 2007 年第 27 卷第 2 期, 第 291—295 页。

[2] 陈航:《海港形成发展与布局的经济地理基础》,《地理科学》, 1984 年第 4 卷第 2 期, 第 125—131 页。

[3] 曹有挥:《安徽省长江沿岸港口体系的初步研究》,《地理科学》, 1995 年第 15 卷第 2 期, 第 154—200 页。

[4] 韩增林、安筱鹏、王利等:《中国国际集装箱运输网络的布局与优化》,《地理学报》, 2002 年第 57 卷第 4 期, 第 479—488 页。

[5] 曹有挥、李海建、陈雯:《中国集装箱港口体系的空间结构与竞争格局》,《地理学报》, 2004 年第 59 卷第 6 期, 第 1020—1027 页。

[6] 王成金、金凤君:《中国海上集装箱的组织网络研究》,《地理科学》, 2006 年第 26 卷第 4 期, 第 392—401 页。

[7] 朱传耿、刘波、李志江:《港口—腹地关联性测度及驱动要素研究——以连云港港口—淮海经济区为例》,《地理研究》, 2009 年第 28 卷第 3 期, 第 716—725 页。

[8] 董晓菲、王荣成、韩增林:《港口—腹地系统空间结构演化分析——以大连港—辽宁经济腹地系统为例》,《经济地理》, 2010 年第 30 卷第 11 期, 第 1763—1766 页。

[9] 殷文伟、牟敦果:《宁波—舟山港腹地分析及对发展港口经济的意义》,《经济地理》, 2011 年第 31 卷第 3 期, 第 447—452 页。

[10] 姜晓丽、张平宇:《基于 Huff 模型的辽宁沿海港口腹地演变分析》,《地理科学》, 2013 年第 33 卷第 3 期, 第 282—290 页。

[11] 张耀光、韩增林、杨荫凯等:《辽宁港口地域组合形成、发展与可持续发展研究》, 1999 年第 19 卷第 5 期, 第 95—100 页。

[12] 辽宁省人民政府:《辽宁沿海港口布局规划》, 2008 年。

[13] 董晓菲、王荣成、韩增林:《大连港—辽宁腹地系统关联特性空间演化分析》,《地域研究与开发》, 2010 年第 29 卷第 6 期, 第 29—33 页。

[14] 王刚、陈三林:《锦州港对辽西蒙东经济体的辐射作用分析》,《港口经济》, 2009 年第 5 期, 第 34—35 页。

[15] 蹇令香、李东兵、刘玲玲：《我国集装箱港口体系演进规律研究》，《经济地理》，2012 年第 32 卷第 12 期，第 91—96 页。

[16] 王敬涛：《港口公共基础设施建设管理的思考》，《山东交通科技》，2008 年第 2 期，第 67—70 页。

“一带一路”战略下辽宁省富余产能输出问题研究

戴利研*

2015年第一季度，辽宁省经济下滑严重，经济形势严峻，亟需找到新的增长点。如何加快培育辽宁国际经济合作竞争的新优势，是摆在我们面前急需破解的难题。

当前，欧美实施“再工业化”战略，进一步加大了我省经济结构转型升级的难度。因此，辽宁新的增长点仍然要依托传统优势，紧密结合国家“一带一路”战略，抓住国际产能合作大势，全面输出优质富余产能，将目前产业的劣势转化为优势。与此同时，发挥区位优势，加强与东北亚地区各国的合作，是培育我省参与国际经济合作竞争新优势的重要途径。

一、辽宁工业产能过剩的现状

改革开放30多年来，辽宁工业的总量发展很快，已经拥有了较多的优势产业，为辽宁乃至全国的快速发展做出了卓越的贡献。自2008年金融危机以来，国际经济形势急转直下，工业制成品的需求量大幅下降，导致企业库存大量积压。以钢铁行业为例，据

---

* 戴利研，辽宁大学转轨国家经济政治研究中心、国际关系学院副教授，东北亚研究院学术秘书。

中国钢铁工业协会的数据显示，仅2014年1—2月，全国大中钢企亏损就达到28亿元，目前钢铁行业的富余产能已经达到2亿吨。①当前辽宁产能过剩行业主要包括冶金、石化、建材、装备制造等，具体产品包括钢铁、水泥、平板玻璃、造船等。

以辽宁两个具有代表性的国有企业现状为例：亚泰水泥是目前铁岭最大的纳税企业，地方政府约1/4的财政税收来自于亚泰水泥。目前，该企业的三条生产线只运营了两条，但仍然存在产能过剩的问题，因此，企业只能采取减产和裁员的方式来维持经营；东北特钢集团大连特殊钢制品有限公司是中国最大的特殊钢生产企业，特钢公司的主要产品品种是特殊钢，其产品用途要求较高，主要针对汽车用钢、太空用钢、矿山用钢、石油钻铤、各种设备的传动轴、各种耐酸碱的设备等。目前企业也面临着需求下降，产能严重过剩的问题。

以亚泰水泥和东北特钢为代表的企业在一定程度上反映了辽宁工业产能过剩的整体现状。当前的过剩产能分为低端过剩产能和优质过剩产能两种，前者应毫不犹豫的给予淘汰，后者应抓住国家实施“一带一路”战略和推进国际产能合作的机遇，支持企业“走出去”，培育国际竞争新优势。

二、辽宁输出产能面临的主要障碍与前景

（一）辽宁输出产能面临的主要障碍

1. 国际投资和贸易环境存在不确定性

全球金融危机的爆发使得世界经济遭受严重打击，支撑辽宁省繁荣的增长模式和区域生产网络的局限性在危机中暴露无疑。展望未来五年，世界经济仍将处于复苏的关键时期，欧洲债务危

① 张潇予：《金融危机过后我国钢铁业产能过剩状况及对策探讨》，《新经济》，2014年第9期，第43—44页。

机能否得到有效控制，日本能否尽快走出经济衰退，美国“再工业化”战略能否重塑世界格局，发展中国家能否保持经济稳定增长，这些问题使世界经济走向依然充满不确定性，国际产能合作也存在较大风险。

2. 面临其他国家和地区的竞争

国际方面，美欧“再工业化”战略主要着眼工业本土化，试图以发展高端制造业带动工业复苏，重塑国际竞争优势，日韩延续其产业竞争优势，制造业同样面临如何输出富余产能的问题；国内方面，借助“一带一路”的东风，一些省市政府及企业已经推出了雄心勃勃的“走出去”方案，如河北省已经成功对外输出了几百万吨的钢铁富余产能，辽宁面临的竞争日趋激烈。

3. 对“一带一路”沿线国家投资存在一定风险

辽宁多数企业对俄罗斯、蒙古国、哈萨克斯坦、塞尔维亚、罗马尼亚等“一带一路”沿线国家的政策、法律缺乏了解，存在较大投资风险。辽宁与这些国家缺少政府层面的合作框架和贸易平台，社会各层面的人文交流也比较少，缺乏经济摩擦、矛盾的有效解决机制，短期内完全依靠企业去开拓市场的难度很大。

（二）辽宁输出富余产能的前景

虽然产能输出困难重重，但目前发展中国家，尤其是新兴市场经济体的巨大发展潜力仍给辽宁省输出富余产能提供了广阔前景。

目前，中国与世界大多数国家关系友好，互动频繁，这为中国向周边国家输出富余产能奠定了良好的国际环境。以中东欧国家为例，中东欧国家在基建方面有着巨大的需求，有很多大型项目还在吸纳优质的合作伙伴，如预计2017年通车的从贝尔格莱德到布达佩斯的高速铁路，铁路建成后，两地的通车时间将从八小时缩短到不足两个半小时，而这还只是将希腊的比雷埃夫斯港和欧洲的中心连接起来的雄伟计划中的一个环节。辽宁省具备充足的制造业装备能力，可以在中东欧国家进行绿地投资，直接在当地投资建厂支持基础设施建设，也可以输出辽宁省的富余产能，实现互利共赢。

此外，在中国深化外交布局战略的背景下，“一带一路”战略已经对中国乃至世界的经济产生了深远影响。借此良机，辽宁省应该积极推动老工业基地振兴与国家“一带一路”战略的良好互动。就目前情况分析，“一带一路”战略将分阶段实施，近期目标是道路、电信、能源管线、港口等基础设施的共建和互联互通，便利贸易投资；中期目标是进一步加深中国与东盟、中亚、非洲东海岸以及拉丁美洲国家的合作；远期目标是建成涵盖欧洲、非洲、拉丁美洲、中亚、南亚以及西亚的自贸区群，实现人民币的国际化，提升中国的文化辐射力和影响力。[①] 就近期的目标来看，基础设施建设是实现“一带一路”战略的重要环节，辽宁省应该在第一个环节上就紧跟国家的战略步伐，不遗余力地输出富余产能，实现地区与国家的共同繁荣。

三、对策建议

（一）抓住国家政策红利，支持企业输出优质富余产能

“一带一路”是中国提出的互利共赢合作模式，这种合作模式为“一带一路”沿线53个国家（地区）和94个城市提供了广阔的合作发展空间。东北地区已被定位于“向北开放的重要窗口”。作为东北地区的核心省份，辽宁应在落实国家“一带一路”战略布局中找准与沿线国家经贸合作的契合点，加快实施“走出去”战略，形成主动融入“一带一路”战略的全面开放和区域合作新格局。另外，随着李克强总理提出加强国际产能合作的指示，中

---

① 辽宁省人民政府发展研究中心课题组：《辽宁省也应高度重视，积极参与“一带一路”发展战略——思考与建议》，《辽宁经济》，2014 年第 12 期，第 4—8 页。

国的富余产能输出提上了日程。外交部国际经济司联合发改委等部门进行了大量调研，初步拟定了16个贸易和投资对象，包括哈萨克斯坦、俄罗斯、白俄罗斯、蒙古国、印度尼西亚、马来西亚、越南、南非、坦桑尼亚、赞比亚、埃及、埃塞俄比亚、秘鲁、巴西、印度和孟加拉国，预计涉及的经济总额将达到200亿美元。“一带一路”战略和加强国际产能合作的政策为辽宁企业“走出去”带来了难得的发展机遇。

（二）发挥政府引导作用，搭建合作平台

国际产能合作是一项复杂的系统工程，对企业而言尤其是中小企业很难能凭借一己之力系统地完成产能输出的工作。因此，地方政府应在坚持市场运作的原则上，充分发挥引导、协调、管理、监督、服务等方面的职责，为辽宁企业顺利输出富余产能搭建平台。

一是政府要积极随同本地企业开展海外投资和贸易活动，加强与相关东道国政府的沟通与协商，理顺双边经贸关系，建立互信合作机制，制定利于双边贸易和投资的法律体系，以降低境外企业的经营成本和不确定性风险。拟定合作的对象国中一些国家和地区的投资环境不是非常理想，虽然不能够改变当地大的气氛，但是可以通过组团输出的方式营造良好的小环境，做到循序渐进，因国施策。政府可以组织企业团体主动出击，询问对象国需求，发挥自身优势，按需对接。合作的宗旨不是以往对不发达国家和地区的援助，而是力求在经济交往中实现互利共赢，让企业走出去，让辽宁的优质富余产能发挥优势。

二是支持民间的或非盈利性质的海外投资促进组织的发展。例如，大连市海外创业投资促进会是从事促进海外创业投资的群众性团体，是由热心促进大连海外创业投资的人士和相关人员自愿结成的地方性、联合性、非营利性的社会组织。与政府的海外投资促进机构相比，该组织具有较好的主观能动性和灵活性，但仍需政府在财力、信息和人才等方面提供有力支持，以更好地发挥其作用，进而为大连市开展海外并购企业提供更具针对性和实战性的信息咨询、专业研究和项目推介等服务。

（三）出台优惠政策，支持企业与国外开展产能合作

针对有比较优势的产业，积极地开展更高层次的海外投资公关活动和搭建投资促进平台，以利于优势产业集群式“走出去”。辽宁工业底蕴深厚、工业体系完备，在资本、技术、设备上具有输出优质富余产能的实力。因此，应该依托这些优势，推动装备制造业优先走出去。鼓励核电、发电及输变电、轨道交通、大型冶金石化设备、矿山机械等领域的企业到“一带一路”沿线等国家投资和技术合作。引导钢铁、水泥、建材、电解铝等领域的企业到资源富集、市场需求大的国家建设生产基地，释放富余产能。建议对以下方面给予重点支持：

其一，支持辽宁重大成套装备“走出去”和开展国际产能合作，促进辽宁装备在走向世界中实现转型升级，为国外用户提供工程设计咨询、施工建设、装备供应、运营维护等全方位服务。

其二，支持辽宁企业在国外建立产业园区项目，如沈阳远大集团在哈萨克斯坦建立以电梯为主的工业园，有利于带动辽宁装饰、建材等相关产品出口。

其三，支持辽宁企业在主要东道国和出口目标国建立境外经贸合作区，以加快本地企业，尤其是中小企业规模化开展海外投资和贸易活动的步伐。

其四，支持跨境电子商务平台的建设，支持互设贸易公司，促进贸易领域的深入融合，促进辽宁的轻工产品、食品、陶瓷、机电等产品打入俄罗斯远东等贸易市场。

其五，支持企业参与国家的援外项目工程。援外项目是企业和地区实力的体现，风险小，综合收益大，有利于企业以此为先机进一步开拓当地市场。

其六，支持企业在与海外企业合作中获取高新技术，收购研发机构，构建全球营销网络。俄罗斯、乌克兰等沿线国家都有一些行业技术——特别是制造技术是全球领先的，与这些国家的优势企业合作，积极获取高新技术，更重要的是有利于企业构建全球战略格局。

（四）提供信息服务，方便企业“走出去”

一是支持和指导相关中介服务机构的建立和发展。目前，部分辽宁企业从事跨境贸易或投资活动仍需寻求国际咨询机构的帮助，如麦肯锡、波士顿等。虽然国际咨询公司的服务较为专业，但是收费较高，立场也难于与中国企业取得一致，存在负外部性。因此，政府应支持省内专业中介服务机构的建立和发展，如针对企业跨境活动的咨询机构、评级机构、会计师事务所、律师事务所等，为辽宁企业，尤其是中小企业提供便利。

二是提供相关投资和贸易信息。商务部国际贸易经济合作研究院、商务部投资促进事务局和中国驻各国大使馆经济商务参赞处每年都会联合发布世界各国和地区的投资环境情况（《对外投资合作国别（地区）指南》），辽宁政府部门也可每年提供类似的电子版指导手册或者分类网站，尤其针对东北亚各国情况提供更具针对性的信息支持。在网站上可按国家分类查询到东道国的基本投资环境，包括政治、经济、法律、社会文化、服务和自然环境；与当地企业或组织合作的相关手续与注意事项；在外人员遇到困难应该如何寻求当地政府的帮助与辽宁省帮助在外人员的应急预案等。

搜集信息的来源可以多样化，如专业的咨询公司、东道国的地方政府和相关部门、目标企业的客户、供应商等有业务往来联系的企业或者部门等。

（五）发挥区位优势，加强与东北亚地区各国的合作

辽宁有2000多千米的海岸线，处于东北亚地区中心地带。凭借这一优势，辽宁应以深化对俄合作为引领，着力加强与韩、蒙、日、朝四国的关系，积极参与“一带一路”战略和中蒙俄经济走廊建设。

一是发挥地方政府协调作用，推动东北亚区域深层次合作。环顾与辽宁合作较为紧密的东北亚地区各国，可以发现俄、蒙、朝、韩、日四国与中国的关系都较为复杂和敏感，因此，要求各国中央政府层面缓和国家关系，再向下推进次区域的经济合作将较为缓慢。在目前的情况下，地方政府要充分发挥自身的作用，以类似“乒乓外交”的形式，推动东北亚区域合作和发展。

地方政府之间往往具有共同利益，而这些利益有时不是中央政府优先考虑的问题。例如，地理位置和港口规模因素使韩国的釜山和日本的福冈在贸易、运输和其他领域能够共同分享利益。尽管日韩两国有时在国家层面上关系紧张，但地方一级的合作却成为他们谋求共同利益的渠道。事实上，釜山和福冈是日韩海峡地方首长峰会成员。该峰会把日韩两国的地方政府聚集在一起开展合作项目，合作项目内容丰富，如交换学生、环保技术转让、高速渡轮运行业务等。

在一些高技术领域，企业的战略往往会引起目标国家政府的监管和阻挠，这种困难有时不是企业自身能够解决的，必须由相关政府部门出面进行协调。辽宁可以借鉴“大图们江”区域合作的经验，积极发展跨境地方政府合作。

二是发挥基础设施优势，构筑连接东北亚的立体交通运输体系。陆路方面，辽宁已经与俄罗斯、朝鲜铁路网络实现了对接，连接欧亚大陆、中蒙俄的锦赤铁路正在加快建设，建成后辽宁沿海港口将成为蒙古国乃至俄罗斯远东地区最近的跨境出海口。水路方面，大连港、营口港位居全国十大港口之列。航空方面，辽

宁拥有沈阳、大连两大国际机场，丹东、锦州、朝阳、鞍山、营口五个支线机场。依托这一基础，应该大力推进大连国际航运中心建设，提升集装箱海铁联运与国际中转、物流配送、邮轮客运等功能，发挥集聚效应，加快建设与俄罗斯远东地区、朝鲜半岛的铁路网络，增强辐射带动效应，构筑以沿海经济带为前沿、连接东北亚的立体交通运输体系。

辽宁在国内开放起步较早，大连市是国家首批沿海开放城市，大窑湾保税港区是继上海之后第二个封关运作的保税港区，金普新区也在2014年成为第十个国家级新区。此外，辽宁还有11个国家级开发区和40个省级经济开发区。沈阳、大连正在积极争取设立国家自主创新示范区。凭借这些优势及老工业基地对外开放的政策红利，辽宁应努力在国际经济合作中重塑产业竞争新优势。

辽宁参与“一带一路”建设和对韩经济合作分析研究

潘　志*

“一带一路”是由中国国家主席习近平在分别于2013年9月和10月出访相关国家时提出的，包括“丝绸之路经济带”和“21世纪海上丝绸之路”。二者都并非区域经济合作组织机制，而是对区域合作发展愿景的倡议和构想。“一带一路”是一项系统工程，涉及方方面面，需要从中央到地方的各经济主体的广泛参与。辽宁作为“共和国长子”，自然更应该担当大任。国家发布的《推动共建丝绸之路经济带和21世纪海上丝绸之路的愿景与行动》① 建议辽宁与东北兄弟省份一道与俄罗斯远东地区开展陆海联运合作，从而建设向北开放的重要窗口。而这个“向北开放”无疑应该包括与东北亚邻国的经济合作。

辽宁在中国对外开放合作的经济版图上占据重要位置。辽宁是东北老工业基地唯一的海上门户和开放前沿，位于东北亚经济圈、环渤海经济圈和环黄海经济圈的交叉地带上，可以依托东北、辐射全国，面向东北亚。2015年6月，中韩两国正式签署自由贸

---

* 潘志：中共中央党校博士研究生，中共辽宁省委党校副教授。主要从事政治经济学和世界经济研究。

① 国家发改委员会、外交部、商务部：《推动共建丝绸之路经济带和21世纪海上丝绸之路的愿景与行动》。

易协定，在促进两国之间经济合作的同时，对东北亚区域经济合作而言也是质与量的双重提升。这对辽宁来说具有尤其重大的意义。辽宁可以依托国家在“一带一路”建设和中韩经贸合作方面的政策利好，将参与“一带一路”建设和对韩合作结合起来，发挥区位地缘和产业基础等方面的优势，提升经济发展质量和竞争力，从而实现辽宁乃至整个东北地区的老工业基地全面振兴。

一、辽宁参与“一带一路”建设和对韩合作的战略意义

需要指出的是，辽宁既非国家在《推动共建丝绸之路经济带和21世纪海上丝绸之路的愿景与行动》所部署的“一带一路”核心省份，也不是中韩两国自由贸易协议当中所列出的地方经济合作的重点试点所在区域。因此，纯粹讲参与“一带一路”建设或者对韩合作，对辽宁来说都只是“1”，与其他一些省份比起来，未必占据优势，但倘若能把参与“一带一路”建设和对韩合作相结合，不但能发挥事半功倍的效果，而且还能出现“1+1>2”的效应。

（一）辽宁与“一带一路”建设

1. “丝绸之路经济带”

“丝绸之路经济带”东起中国，经过俄罗斯和中亚，最后到达西欧，其中，俄罗斯作为“丝绸之路经济带”上面积最大的国家，同时也是中国最大的陆上邻国和重要战略合作伙伴，在“丝绸之路经济带”建设过程中无疑会扮演重要角色，其中一个突出表现就是：第一亚欧大陆桥的大部分线路贯穿俄罗斯国土，而第一亚欧大陆桥在交通和成本等方面条件目前仍然较优于第二亚欧大陆桥。因此，辽宁作为东北唯一沿海省份，面向第一亚欧大陆桥，开展陆海联运，建设向北开放窗口，并以此为基础发展对韩经济合作，无疑具有较大发展空间。

2. “21 世纪海上丝绸之路”

“21 世纪海上丝绸之路”东起中国，经过东南亚和印度洋，到达非洲和欧洲。虽然相对于海上丝绸之路的传统线路（即所谓“陶瓷之路”），辽宁地理方位相对较偏，但在多式联运高度发达和经贸网络日趋密集的今天，特别是随着辽宁港口建设和联运物流的快速发展，沟通海陆丝绸之路对辽宁来说并非难事，甚至可以说应该成为辽宁今后开展对外经贸合作的重中之重，辽宁应该成为连接海陆丝绸之路的核心枢纽。

（二）辽宁与对韩经济合作

韩国位于朝鲜半岛南部，与中国一衣带水，地处中国与日本之间，一直以来对东北亚区域经济合作热情相对较高，并提出打造东北亚中枢国家的理念。在中日韩自由贸易区谈判中由于中日关系出现问题而进展困难时，中韩自由贸易区谈判则进展较快，并已经签署正式协议。

中韩自贸协议不仅涉及传统的贸易和投资领域，还涉及服务贸易、电信、金融、文化旅游、电子商务和环境等多项议题，范围广，水平高。从整体性政策环境来说，对辽宁开展对韩合作是重大利好。此外，中韩自由贸易协定还提出期待加强双方战略合作伙伴关系，这就表明双方都为未来的进一步合作发展预留了持续升级的空间，而这就为辽宁在开放合作过程中推动制度创新提供了平台。中韩自贸协定的序言当中明确提出，自贸协定的目的在于通过货物、服务和投资相关制度环境的稳健化，提升企业在全球市场的竞争力，即并不局限于中韩两国，而是放眼世界。而“一带一路”作为国家在全球经济合作中的重大战略，自然可以囊括其中。因此，辽宁只要措施得当，是完全可以做到把参与“一带一路”建设和对韩合作相结合的。

二、辽宁结合参与“一带一路”建设和对韩合作发展分析

辽宁参与“一带一路”建设，要做好对俄陆海联运合作的文章，即发挥自身区位地缘优势，用好第一亚欧大陆桥，在此基础上，大力开展对韩经济合作。

当前，辽宁境内的营口港已经充分利用亚欧大陆桥，实现海陆联运的大循环，即从德国经过第一亚欧大陆桥至沈阳，用集装箱运送宝马汽车配件，集装箱到达沈阳拆空后，从沈阳运至营口港，然后再到韩国，从韩国装载电子产品，通过货轮返回营口港，再从满洲里出境，经过亚欧大陆桥回到欧洲，形成一个低成本、高效率的循环物流链。

其中需要注意的是，根据中韩自贸协议第二章：国民待遇与市场准入，用于科研教学等的专业设备、会展陈列、广告品和商业样品都可以临时免税入境，而无论原产地，并可以适当延长时限。条件是专人专用、不得直接用于营利（出售或租赁）、数量合理、用完离境，并缴纳保证金。这样就非常便于辽宁成为沟通东北亚和欧洲之间科技合作的中枢环节，尤其在德国开展“工业4.0计划”的背景下，对辽宁沈阳经济区境内的中德产业园纳入对韩合作的海陆联运当中而言，格外具有重要作用。

当然，这种对协议的利用应该注意协议当中的原产地规则。协议第三章原产地规则规定，微小加工处理，例如零部件简单的装配或卸装，不得赋予原产地资格；中性成分的原产地不予考虑，包括工具、模具和型模等。

此外，中韩自贸协议还允许临时入境货物从其他海关口岸复运出境，这就有利于辽宁整合境内港口群，优势互补，扩大协作，从而更好地抱团参与陆海联运大循环。当然，需要注意的是，中韩自贸协议在第八章服务贸易当中还特别规定协议相应内容不适用于沿海和内水船运服务。当然，协议开放商贸物流市场，禁止

任何缔约方要求由本国境内分销商垄断或强制性参与进口分销，并提高国营贸易企业透明度，这就为辽宁更好地参与陆海联运当中贸易物流服务环节上的合作分工创造条件。实际上，协议对打破服务领域垄断专营非常重视，在第八章服务贸易当中，不但提出放款市场准入和给予国民待遇，并专门提出要限制服务业领域的垄断专营。

最后，中韩自贸协议还在第四章海关程序和贸易便利化当中，提出建立对货物或交通工具移动的法律或程序重大修改通报制度，这就为辽宁在结合参与“一带一路”建设和对韩经济合作的高度上，深入发展陆海联运过程中开展制度创新提供良好的政策环境。

当然，协议还有一些有待进一步改进的地方，例如对临时免税入境货物的适当数量规定模糊，预留人为操作空间，在一些领域的合作机制建设方面不够具体精细等，这都需要辽宁在参与合作过程中不断积累经验，以期加以完善。

辽宁融入“一带一路”建设的优劣势及对策分析

陈　岩　潘　志*

从区域自身发展和地理区位分析，辽宁省在“一带一路”战略实施中具有诸多优势。充分发挥自身优势，积极融入国家“一带一路”战略，是辽宁省实施外向牵动战略的必然要求，更是逐步形成连接东欧、西亚和东南亚的交通运输网络，为相关国家经济发展和人员往来提供便利，加强和促进中国与周边国家合作，提高辽宁省对外开放水平的需要。

一、辽宁省融入“一带一路”战略的优势

（一）区位地理优势

作为东北地区沿海沿江沿边省份，辽宁省地处东北亚中心地带，位于通向东北亚地区进出海口的交通枢纽位置，是连接欧亚大陆桥的重要出海口和中蒙俄经济走廊的重要载体，为东北地区融入“一带一路”战略发展提供了交通支持。丹东作为国家设立的重点开发开放试验区，中朝合作的主要通道，是国家构建全方

* 陈岩，辽宁省社会科学院产业经济研究所副研究员、高新技术产业研究室主任。主要从事东北亚区域经济、比较经济研究；潘志，中共中央党校博士研究生，中共辽宁省委党校副教授。主要从事政治经济学和世界经济研究。

位开放新格局“一带一路”战略的重要部分。目前，中国与朝鲜已在紧邻丹东的威化岛和黄金坪建立了合作区，这是辽宁省相对于其他地区所特有的区位优势。营口作为“一带一路”的交汇点，已开通了营口—满洲里—莫斯科直达班列和营口—仁川航线。通过海铁联运，向北打通了欧亚大陆桥运输通道，到达俄罗斯和欧洲地区；向东、南实现了海上丝绸之路的对接，辐射日本、韩国和东南亚以及我国沿海省份，区位优势十分明显。2015 年一季度，营口港经满洲里出境的国际集装箱量占东北各港的 93%、占满洲里口岸整体出境量的 47%，居全国沿海港口首位。大连凭借紧邻日韩、延伸腹地和国家“一带一路”战略东端的桥头堡位置，加上区域内完善的交通基础设施，是我国面向东北亚区域开放合作的至高地。

（二）沿海港口优势

辽宁省拥有独特的港口资源，拥有宜港岸线 1000 多千米，优良商港 38 个，大小港湾 40 余个。辽宁省沿海港口群拥有 100 多条国际国内航线，覆盖全球 300 多个港口和地区，承担着东北地区 98% 的外贸货物进出口，具备推动东北地区开发开放与国家“一带一路”战略建设深度融合的口岸优势。目前，辽宁省形成以大连、营口为主要港口，丹东、锦州为地区性重要港口，盘锦、葫芦岛等为一般补充港口的格局。其中，大连港作为东北地区最重要的综合性外贸口岸，是我国仅次于上海、秦皇岛的第三大海港。作为我国南北水陆交通运输枢纽和重要国际贸易港口之一，大连港现有港内铁路专用线 150 余千米，现代化专业泊位 80 多个，其中万吨级以上泊位 40 多个。大连港是转运远东、南亚、北美、欧洲货物最便捷的港口，东北三省 90% 以上的外贸集装箱均在大连港转运。营口港作为东北及内蒙古东部地区重要的出海口，是国内铁路距离满洲里运距最短的大型港口。营口港航运业务遍及 50 多个国家和地区的 140 多个港口，已开通日韩和东南亚等国家和地区十几条国际集装箱班轮航线和多条可中转世界各港的内支线，40多条内贸集装箱航线覆盖沿海主要港口。完全具备成为“一带一路”重要支点的条件。锦州港作为距离中国东北中部和西部、内蒙东部以及蒙古、俄罗斯西伯利亚和远东地区最近的进出海口，是中国渤海西北部400多千米海岸线唯一全面对外开放的国际商港。

（三）通道建设优势

目前，辽宁省依托中蒙俄经济走廊，积极推进三大通道建设。以大连港为海上起点，过南海经印尼，辐射南太平洋区域和经白令海峡到欧洲的北极东北航道的海上通道重要支点（辽海欧）建设；以大连、营口港为起点，以辽鲁陆海甩挂运输大通道为主要干线，整合两个港口的功能，实现货物相互转运的大连、营口—满洲里—俄罗斯—欧洲的（辽满欧）物流大通道建设；以锦州港、丹东港为起点，至中蒙最大陆路口岸二连浩特口岸出境，并到达欧洲的（辽蒙欧）出海大通道。面对着国家“一带一路”发展机遇，辽宁省凭借港口优势，通过“三大通道”发展跨境物流，带动贸易和投资发展。将东北地区的机电产品、华南华东地区的轻工业产品、日韩地区的电子产品，转运到俄罗斯和欧洲地区。在密切与东北亚国家经贸合作的同时，开展与“一带一路”战略沿线国家的经贸往来。

（四）产业对接优势

作为工业大省，辽宁省拥有比较完整的产业体系，形成了比较完备的现代化工业体系和技术门类。其中装备制造、建材、电力、冶金、化工和农产品加工等行业产业比较优势突出，基础设施比较完备，科技实力和人力资源坚实，具备转移优势产能的产业基础。“一带一路”沿线中亚国家资源较为丰富，能源、矿产资源的开采、运输领域是辽宁省未来利用产业优势重点参与合作的领域。比如，大连重工起重集团利用自身优势积极开发俄罗斯、蒙古国以及中亚、东欧等“一带一路”沿线国家市场，重点推广港口、矿山的运输、起重机械等成套项目。沈阳机车公司和大连机车公司作为世界最大的轨道交通装备制造商中国中车旗下的骨干企业，积极参与“一带一路”互联互通基础设施建设，将中国高铁技术更好地推广到海外。沈阳远大集团与中铁九局联手在哈萨克斯坦成立了联合工作站，共同参与当地的铁路、房建等工程建设。积极鼓励我省企业走出去，发挥产业对接优势。通过技术、设备、产能的输出，在世界范围内进行资源和价值链的整合，有利于促进辽宁省水泥、钢铁等原材料及商品输出，进一步化解辽宁省产能过剩问题，优化产业结构，促进产业结构转型升级。通过实施“走出去”发展战略，积极参与国际竞争，扩大辽宁省企业在国际上的市场占有率和影响力，开发产业发展空间。

（五）发展空间优势

辽宁省毗邻京津冀地区，产业互补优势明显，与京津冀协同发展的空间极大。一是可以将辽西地区打造成承接京津冀地区产业转移、富余劳动力转移输出及能源、优质农副产品供应基地。二是可以积极参与中关村国家自主创新试点，依托创新驱动战略，大力发展与辽宁省资源优势相吻合，技术含量高、附加值高的战略性新兴产业。大力培育辽宁省新的经济增长点，推动东北老工业基地的全面振兴。三是在能源、交通、公共服务和环境治理等方面与环渤海地区可以开展合作，推进辽宁省西部与蒙东区域一体化发展。

二、辽宁省参与“一带一路”战略面临的挑战

（一）俄罗斯远东开发战略的前景问题

受乌克兰危机影响，俄罗斯的发展重心逐步由欧洲转向亚洲。

由于历史、自然条件等原因，俄罗斯远东地区基础设施落后，经济实力和发展速度远远落后于西部发达地区，经济发展相对滞后，人力资源匮乏。未来俄罗斯对远东地区开发开放的扶持力度，将在很大程度上影响中蒙俄合作的发展方向及“一带一路”战略的顺利实施。

（二）蒙古国政策的不连续性问题

目前在蒙古国内执政的人民党不善于推行独立自主的经济政策，经常拖延实施与中国合作的重要基础设施项目。同时，蒙古国内民主党的支持率一直在上升。蒙古国一旦出现政权交替，发生暴力冲突，将会摧毁“一带一路”战略合作系统，给参与的国家和企业带来无法估算的损失。

（三）韩国和朝鲜存在的潜在困难问题

目前，韩国对“一带一路”战略持两极分化态度。一种支持韩国参与“一带一路”战略，加紧与中国开展经济互动，认为“一带一路”战略能够很好地契合时任总统朴槿惠的“欧亚倡议”，为韩国带来丰厚的经济利益。但一些极端亲美人士则持反对态度，认为“一带一路”沿线国家政治风险高，不确定因素多，担心“一带一路”战略最终变成排挤美国主导的安全结构的手段，使中国成为该地区唯一有决定性影响的大国。而对于朝鲜，尽管中国已发出诚挚邀请，至今没有明确表明是否愿意加入。

（四）周边国家国内的民族主义问题

随着中国经济实力的不断增长，国家综合国力的增强，“中国威胁论”的声音不绝于耳，周边国家担心中国的日益强大将威胁自身的安全。因此经常对中国平等的倡议持有怀疑态度，部分民众存在反华民族主义情绪。这将严重阻碍“一带一路”战略的有效推进和辽宁省企业参与的主动性、积极性。

（五）基础设施建设资金缺口大问题

根据世界经济论坛的评估，“一带一路”沿线有竞争力数据的54个国家中，仅有四个国家（新加坡、阿联酋、克罗地亚、斯洛文尼亚）基础设施竞争力指数高于综合基础竞争力指数。基础设施建设的资金缺口较大。据亚洲开发银行估计，2010—2020年，亚洲基础设施投资需求约为8000亿美元，而亚洲开发银行能提供的贷款仅为200多亿美元。

（六）各国规划协调对接困难问题

由于“一带一路”沿线国家正处于政治社会转型时期，宗教、文化、社会矛盾交织，政治风险大，大国间的博弈更加剧了地区局势的复杂性。此外，沿线国家经济发展水平、人口环境存在差异，社会发展重点不同。“一带一路”战略的发展涉及不同国家之间的政策对接、制度协调和利益博弈。

三、辽宁省融入“一带一路”的具体举措

（一）建立“一带一路”政策支持体系

首先，政府组建专门领导小组，明确辽宁省在“一带一路”战略中的定位、产业布局和发展方向，争取早日纳入国家“一带一路”战略规划方案。其次，制定专项财政政策和扶持政策。设立省级财政专项资金，对于辽宁省企业在“一带一路”沿线国家建设境外工业园区、建立海外营销网络、承包对外工程、开展对外劳务合作等提供资金支持。制定境外保险费用补贴、贷款贴息等扶持政策，鼓励企业走出去，开展对外投资合作。鼓励银行金融机构开展保险融资、低息贷款、跨境人民币结算等业务。积极开展多种形式的融资方式，比如资产抵押、第三方担保、境外股权抵押担保等。再次，完善服务体系建设。一是通过建立政府信

息服务平台，定期举办对接会、建立公共查询网站等形式，为参与“一带一路”的辽宁省企业提供国外最新的政策信息、投资环境、市场需求、法律法规等信息资讯。二是建设国际化、市场化的中介服务组织体系，提供投资风险评估、资产评估、法律、人力资源培养等服务。三是提供通关便捷服务。加强省内电子口岸建设，加强海关特殊监管区建设，建设国际贸易专门窗口，实现省内通关一体化。

（二）积极加快三条大通道建设

打造东北亚国际物流枢纽区。首先，依托中蒙俄经济走廊，辽宁省加快推进三大通道建设。建设贯穿南北、连接亚欧大陆，贯通中蒙俄经济走廊，面向东北亚的物流中心、贸易中心和金融中心，逐步形成东北亚综合型国际物流枢纽区。其次，整合大连港与省内其他沿海港口群资源。合理规划各港口之间的分工，加强功能型港口基础设施建设，协同发展，共同建设面向东北亚的国际进出海通道。再次，组建区域性物流联盟。加强海陆综合交通枢纽建设，扩大东北地区海铁、海路联运能力，形成具有较强集聚辐射能力的物流产业集群，积极建设联接南北，面向东北亚的现代物流基地。最后，大力提升物流服务功能。积极推进国际物流中心的软硬件建设，增强港口服务功能，提供便捷服务，一站式通关，努力打造东北亚物流服务的综合枢纽。

（三）建设九大园区，带动优势产业发展

在“一带一路”沿线国家中，辽宁省企业将主要开拓俄罗斯远东地区和蒙古国以及欧美、日韩高端市场等区域。2015 年，辽宁省依据自身在技术、产业等方面的优势，在“一带一路”沿线重点建设九大工业园区，积极参与俄罗斯远东地区和蒙古国的开发建设，努力承揽俄罗斯公路、港口、机场等基础设施开发项目，大力开展资源类投资合作项目。其中沿“一带”方向重点推进俄罗斯巴什科尔托斯坦石化工业园、中俄尼古拉商贸物流保税园区、哈萨克斯坦远大建材产业园、蒙古国霍特工业园、塞尔维亚汽车产业园、辽宁省罗马尼亚麦道工业园等六个境外工业园区建设；沿“一路”方向重点推进印尼—辽宁省镍铁工业园、印度特变电综合产业园、纳米比亚黄海汽车组装物流园三个境外工业园区建设。

（四）创新企业“走出去”方式

《国务院关于近期支持东北振兴若干重大政策举措的意见》中明确提出，扶持东北地区轨道交通、高档机床等优势装备“走出去”。2015 年，辽宁省确定以俄蒙和中东欧为重点工作方向，以推进境外工业园区建设为突破，引导企业创新“走出去”方式。辽宁省的“走出去”工作将实现从单一项目向园区化转变；从单一工程承包，向总集成、总承包方向转变；从单纯出口向投资贸易相互融合方向转变；从简单的市场化工程承包向国家援外捆绑项目转变；从单纯并购海外企业向获取技术、研发、建立全球营销网络模式转变。这表明，辽宁省将以资本输出带动产能输出的方式融入“一带一路”战略，将产品、技术标准以及管理模式同时对外输出，将辽宁省装备制造业等产业优势与沿线国家的资源优势进行优化组合，使辽宁省企业在享受成本和产业优势的同时，享受政策“红利”。

（五）积极建设自由贸易区

自由贸易区通过提供优于世界贸易组织最惠国待遇的贸易和投资待遇，帮助自贸区成员减少贸易成本，促进市场竞争。融入参与“一带一路”战略，辽宁省需要进一步扩大对外开放水平。大连作为东北地区最大的外贸口岸和物流平台，承担着大量的海运和集装箱运输任务。积极建设申报大连自贸区，可以扩大辽宁省对外开放水平。此外，营口也在努力建设成为中韩自由贸易示范区，丹东大力建设国家重点开发开放试验区，积极打造东北亚战略新高地。自由贸易区的建设，有利于辽宁省实行更加灵活的自由贸易政策，扩大与周边国家的经贸往来，进而带动辽宁省与“一带一路”沿线国家开展国际贸易。

（六）拓展对外贸易合作范围

2015年，随着“一带一路”战略的全面实施，东北老工业基地振兴战略的深入推进，辽宁省将与沿线国家进一步拓展进出口贸易。在发展中蒙俄韩日贸易大通道的基础上，继续巩固东盟市场，大力拓展俄罗斯市场，积极开辟东欧市场。其一，优化与东盟之间的贸易结构，大力培育新的贸易增长点。在重点发展鞍钢、本钢、五矿中板、中粮麦芽和营口千祥等企业的基础上，进一步扩大钢板、铝材、服装、轮胎等产品的出口，同时加大橡胶、水果、化工等产品的进口力度。其二，大力推动辽宁省与俄罗斯贸易的全面开展。利用地缘优势，加大对俄罗斯远东及西伯利亚地区的投资力度，以投资带动贸易的发展。通过在远东地区中心城市开设公司、建立生产基地、搭建跨境电子商务平台等形式，将辽宁省的电子产品、服装、食品、汽车及零部件等商品向俄罗斯远东市场销售，进而开发俄罗斯其他区（州）的市场，推动对俄贸易的全面展开。其三，借助辽宁省与波兰西西里省政府、捷克维索基纳州政府友好省州的关系，积极开发利用中东欧市场丰富的自然资源和人力资源。逐步扩大辽宁省的纺织品、陶瓷、工具和玩具等产品对中东欧市场的出口，同时加大中东欧国家有色金属、化工产品、机械和医药品等产品的进口。

参考文献

1.《辽宁省人民政府办公厅关于贯彻落实“一带一路”战略推动企业“走出去”的指导意见》，辽宁省省政府网站，2015年2月16日。

2.《辽宁省制定参与国家“一带一路”建设方案》，人民网，2015年1月。

3. 罗雨泽:《坚持市场导向 构建“一带一路”政策支持体系》,《中国经济时报》,2015 年 6 月 5 日。

4. 葛传东:《“一带一路”能给辽宁带来什么》,国务院振兴东北办公室网站,2015 年 1 月 25 日。

5. 李天国、沈铭辉:《“一带一路”创造新兴经济体合作新模式》,中国证券网 · 上海证券报,2015 年 3 月 20 日。

6.《“一带一路”战略统领辽宁省新开放》,《国际商报》,2015 年 3 月 23 日。

7.《辽宁省:向“一带一路”沿线五大区域要市场》,《辽宁日报》,2015 年 6 月 22 日。

8.《辽宁在“一带一路”布局八大工业园》,《辽宁日报》,2015 年 3 月 21 日。